Y con estas amigas... ¡para qué quiero enemigas!

Miriam Lavilla

Y con estas amigas... ¡para qué quiero enemigas!

México · Barcelona · Bogotá · Buenos Aires · Caracas · Madrid
Montevideo · Miami · Santiago de Chile

Y con estas amigas... ¡para qué quiero enemigas!

Primera edición en México, agosto 2011

Primera edición en España, octubre 2010

D.R. © 2010, Editorial Planeta, S.A.
Av. Diagonal, 662-664, Barcelona 08034, ESPAÑA

D.R. © 2011, Ediciones B México, S.A. de C.V.
Bradley 52, Anzures DF-11590, MÉXICO
www.edicionesb.mx
editorial@edicionesb.com

ISBN 978-607-480-181-1

Impreso en México | *Printed in Mexico*

Estimadas lectoras:

Una vez más, queremos agradecerles desde nuestras páginas la gran acogida que ha tenido nuestra revista en este último año. Con la mismísima Ana Rosa Quintana, hemos superado las setecientas suscripciones, además de haber incrementado nuestras ventas un 75% en puestos de periódicos y revistas.

Somos conscientes, no obstante, de que tal éxito se debe principalmente a nuestras últimas secciones como: "Sexo en Marina d'or" *y* "La menopausia: aprende a amaestrar tus hormonas" *de Sofoquina Brava, o* "Aceptamos marido como animal de compañía" *de Serena de Brie.*

Respecto a esta última, reiteramos nuestro más sincero agradecimiento por las miles de cartas que recibimos de ustedes felicitándonos por la idea.

Muchas de ellas se dirigieron a la autora para consultar todas las dudas que les surgieron respecto al tema y Serena tuvo a bien remitir a cada una de ustedes sus inestimables consejos.

Sin embargo, hubo una gran cantidad de ellas que no obtuvieron respuesta. Eran las que comenzaban por: "Mi amiga dice que mi novio es..." o "Parece que mi novio presta más aten-

ción a mi amiga que a mí..." o "Mi amiga me está robando el novio descaradamente..." o "Estoy enamorada del novio de mi amiga". Lamentamos las molestias que esto les haya podido ocasionar. El motivo no fue otro sino que Serena opinó que, si bien todas han aprendiendo mucho de los hombres, aún andan muy verdes en cuanto al terreno "amigas". Por consiguiente, decidimos que la nueva sección a inaugurar debería ser ésta que presentamos y estimamos va a ser igualmente bien recibida en sus hogares.

Seguro que "Y con estas amigas... ¡para qué quiero enemigas!" *les será de gran utilidad,*

Anselma Fuendetecla,
DIRECTORA DE ***TÚ MISMA***

INTRODUCCIÓN. LAS 'MATRIOSKAS'

Débense buscar los amigos como se buscan los buenos libros. Que no está la felicidad en que sean muchos ni muy curiosos; antes en que sean pocos, buenos y bien conocidos.
MATEO ALEMÁN

La amistad, como el diluvio universal, es un fenómeno del que todo el mundo habla, pero que nadie ha visto con sus ojos.
ENRIQUE JARDIEL PONCELA

Cuando naces, la vida ya te ha impuesto un padre (que se supone biológico) y una madre con la que has estado profundamente unida durante nueve meses y de cuyas entrañas te separan a golpe de tijeretazo en el cordón umbilical. Quédate con el detalle, muchas relaciones se romperán a machetazo limpio (a saber: a veces lo verás llegar de frente y en muchas otras ocasiones te encontrarás apuñalada por la espalda).

Después de unos días de reparador descanso en el sanatorio, te llevan a casa junto a un hermanito o hermanita que, cuando nadie lo ve, te tira de la oreja, te tapa la nariz, te quita el chupón, te destroza los juguetes y te pellizca en donde pueda.

Luego te presentarán a tu abuelita Enriqueta. Llorarás al encontrarte con esa mata de pelo espeluznante, que llaman barba, tras la que se oculta tu tío Pepe. Te verás reflejada en los lentes del tío Alfonso, soportarás los húmedos besos de la tía Flora, y te acostumbrarás a los gritos y correteos de tus primitos los cuales, o se pegarán entre ellos por tomarte en brazos, o se quedarán mirándote como si fueras un bicho feo que les está robando su porción de oxígeno.

Las rodillas del abuelo Basilio harán las veces de caballito trotador y el abuelo cándido se obstinará en acunarte a todas horas, especialmente en esos momentos en los que a ti no te apetezca nada echarte un sueñecito. Y las abuelitas discutirán sobre si tu nariz, tus ojos, tu boca o tu barbilla son de la familia de los Sánchez o de los Hernández. Y luego resulta que llegas entera, pero nada de lo que tienes te pertenece... esto mal empieza.

A toda esta gente la tendrás que conocer, asumir y aprender a soportar de mejor o peor gana, porque, entérate de una vez: la tía Cata va a ser tu tía hasta que ella muera o mueras tú. Y ninguna de las dos cambiará de manera de ser hasta el mismo instante en que las metan en una caja de pino. Y vaya usted a saber, si lo mismo le da por aparecerse por las noches para reprochar: "Sé que fuiste tú la que rompió el jarrón de mi madre y escondió los pedazos bajo la alfombra".

Otro factor negativo que interviene en las relaciones familiares, es la memoria histórica (o histérica). La madre de una es la madre de una (madre, ya se sabe, sólo hay una) pero esa misma persona es la suegra de una tercera y la cuñada de una cuarta. El recuerdo que cada uno de estos individuos guarda de la buena señora no tiene absolutamente nada que ver y cualquier parecido es mera coincidencia. Y lo que para unos fue una situación bochornosa o inenarrable, para otros fue una anécdota fantástica e inolvidable y, para hacer mención de la honorable obra de Michael Ende (y terminar la comparación), el empecinarse en disputas sobre quién lleva la razón, o no, es la historia interminable.

Luego vendrán frases hechas típicas como la de: "Y la navidad, ¿qué tal?; ¿bien, o en familia?" Los pisotones o codazos bajo la mesa del salón o recriminaciones del tipo: "Pero Paula, hija, ¿cómo se te ocurre hablar de la soga en la casa del ahorcado?" o "¿pero en qué estabas pensando para sentar juntas, en la misma mesa, a Isabelita y a la tía Eduviges?".

Con respecto al sujeto del cual nos enamoramos es más de lo mismo. Tu madre se enamoró de tu padre y aún hoy continúa sin explicarse el por qué. Aprovecha la menor provocación para ponerse a enumerar una letanía de pretendientes-posibles-maridos con los que hubiera sido inmensamente más dichosa.

Pero, y aquí llegamos a la parte de la que va a tratar el presente ensayo, las amigas(os) son otra cosa. Es lo único que podemos elegir en este mundo. Por este motivo, y algunos más, es maravilloso contar con la amistad de alguien. Son las únicas personas que no te imponen la diosa naturaleza, o la ciencia, o los astros, o el destino o quién sabe qué.

Mucho se ha dicho, y muy bueno, sobre eso de tener amigos. Máximas inteligentes como: "La verdadera amistad llega cuando el silencio, entre dos, parece ameno" (Erasmo de Rotterdam). Locuciones que, de increíbles, llegan a ser fantasiosas como: "La verdadera amistad es como la fosforescencia: resplandece mejor cuando todo se ha oscurecido" (Rabindranath Tagore). Y discernimientos realmente ingenuos como: "El mayor esfuerzo de la amistad no es mostrar nuestros defectos al amigo, sino hacerle ver los suyos" (me parto con François De La Rochefoucauld).

Pero no todo el monte es orégano, ¿no?. También se dice: "Al amigo y al caballo, no apretallo", "Amigo beneficiado, enemigo declarado", "Amigo traidorcillo, más hiere que un cuchillo", "Amistad de boquilla, no vale una cerilla", "Amistades que del vino se hacen, al dormir la siesta se deshacen", "Cuando te vayas a casar, manda a los amigos a otro lugar", "Si dices las verdades, pierdes las amistades" o "Si quieres ver a tu amigo caminar, párate a mear".

Todo eso de la amistad está fenomenal, sí, es cierto. Pero, ¿y si elegimos mal nuestras amistades? ¿Qué pasa si nos hacemos amigas de un vampiro, de un político, de un abogado, de un inspector de hacienda, de un controlador de parquímetro, o del mismo diablo? En las siguientes páginas vamos a tratar de desenmascarar a varias amistades que, si bien en un principio te pueden parecer seres extraordinarios, tal vez al final te arrepientas de haberlas conocido.

A saber, hay varios tipos de amistades:

a. **Las que son igualitas la una a la otra.** Cortaditas por la misma tijera. ¡Siempre tan unidas! Resulta que Carla era monísima y Ana un bizcocho. Después de varios años de amistad ¡son idénticas! Y suele ocurrir que Carla se asemeja más a Ana de lo que Ana se parece a Carla. Esto es un hecho. Visten igual, se peinan de idéntico modo, hablan con el mismo tono de voz...

   Desconfía de estas amistades, llegará el día en que ambas choquen pues es un hecho probado que los polos del mismo signo terminan por repelerse.

b. **Las que son diferentes pero se complementan recíprocamente.** Esto mejora. Va a ser una amistad rica en experiencias... pero, ¿cuánto dura una amistad así? ¿Qué se hace un domingo por la mañana cuando una propone ir a misa de doce y la otra quiere tirarse en el pasto del parque a fumarse unos porritos? ¿Cuando una no para de hacer deporte y la otra sólo piensa en practicar sillón-*ball*? Y las vacaciones: a una le gustará la playa y la otra preferirá ir a la montaña. ¿Y el día de las elecciones generales, van a poder brindar a rienda suelta por los resultados? Y el cine, ¿cuánto tiempo van a soportar meterse cada una en distinta sala y esperar una hora a que la película que eligió la otra termine? Qué, pregunto, ¿qué sentido tiene quedar para ir al cine juntas?

c. **La adhesión entre hombre y mujer es ideal, esto es del todo indiscutible, pero ¡ojo!, ¿sí es real?** Quiero decir, a veces ocurre que una se enamora del otro. Entonces te dan ganas de retorcerle el pescuezo a tu "amigo del alma" cuando se pone a contarte sus devaneos amorosos con una fulana o mengana que, además, no sueles tragar. O todo lo contrario: resulta que han empezado a salir como noviecillos, pero te das cuenta de que "lo quieres mucho, pero no estás enamorada de él". ¿Crees que lo entenderá, por muy bien que se lo expliques? Ahí mismo se acaba la relación. O el día en que salen de vacaciones como amigos y te das cuenta de que él se ha "alegrado" mucho al verte en biquini (¡qué situación tan incómoda!) y se tumba inmediatamente boca abajo para que le pongas bloqueador, y seguidamente empieza a sudar como puerco porque no se atreve a levantarse ni para darse un chapuzón, y tú comienzas a sentir una insufrible repugnancia hacia su persona y no paras hasta quitártelo de encima para siempre. Y, en cualquier caso, imaginemos que ese aprecio es sincero y amistoso: todo va bien, tienes una persona con la que puedes contar siempre para lo bueno y lo malo, en la salud y en la enfermedad, en la riqueza y en la necesidad... Pero te casas. ¿Tu maridito se va a quedar tan contento cuando salgas con tu amigo Miguel y regreses, con una borrachera fenomenal, a las seis de la mañana? O él se casa. ¿Estás completamente capacitada para tragar, durante unas vacaciones enteras, a la mala onda de su santa mujer?

d. **La amistad entre hombres resulta facilísima y es indisoluble, siempre y cuando no haya una mujer de por medio.** Santiago Ramón y Cajal (que de tonto no tenía un pelo) dijo que "hay pocos lazos de amistad tan fuertes que no puedan ser cortados por un pelo de mujer". Adicionalmente, es extraordinario que no tengan que ir de compras juntos, ni a la peluquería, ni que tengan que perder su juventud esperando en una fría esquina de la calle a que su amigo llegue "perfectamente maquillado" o a que haya conseguido domar, al fin, ese mechón rebelde con la secadora. Ni se pasan las horas muertas al teléfono cuando van a citarse, porque ya hablarán cuando se vean. Ni se preguntan por cómo va a ir vestido el otro porque les importa un reverendo cacahuate y cuando tienen ganas de hacer sus necesidades van y las hacen. ¡No tienen que hacerse acompañar de su mejor amigo! Y tampoco se van a enfadar porque éste se marche al baño sin haber sido invitado, previamente, al correspondiente cambio de aguas. No tienen que sufrir el menor estrés por buscar una receta maravillosa para que su amigo quede bien en una cena con la familia política. Mantener esa amistad es muy sencillo: sólo hay que quedar de vez en cuando para ir de copas, ver un partido de fútbol, o jugar póquer y conquian de vez en cuando para dejar al amigo sin un centavo... ¡Ah!, y narrar a los colegas los encuentros sexuales con todo lujo de detalles.

e. **En cuanto a la amistad corriente (ni muy afines ni muy dispares) entre mujer-mujer, eso ya es otro cantar.** Y de este tipo de amistad vamos a tratar en este libro.

Las mujeres somos mucho más interesantes que los hombres (lo siento, chicos). Somos *matrioskas*. Esas muñecas tradicionales rusas que se fabrican huecas en el interior para poder albergar una nueva muñeca que, a su vez, aloja a otra y ésta una más y así sucesivamente hasta un número determinado. Las muñecas interiores parecen iguales entre sí. A simple vista, sólo se distinguen por el tamaño, pero si te fijas con atención, las expresiones de sus rostros son diferentes y también lo son los recipientes que las sostienen. En definitiva, todas son distintas.

Las mujeres podemos ser todos los tipos de personas que vamos a describir en las siguientes páginas, en tan solo veinticuatro horas (aunque antes muertas que reconocerlo), por este motivo, puedes ganarte una incondicional amiga o una mortal enemiga para el resto de tus días, en apenas un par de segundos. Porque nosotras no obtenemos una visión integral del conjunto, no: nosotras nos perdemos en el detalle.

Esto es tan cierto como que hay sol. Una mujer puede tener la casa ya no impoluta, sino aséptica como un quirófano pero como una conocida vaya y se encuentre con una taza en el fregadero, sin lavar, inmediatamente la catalogará como una marrana desde la fecha hasta el día del juicio final por la tarde.

Y si una amiga es encantadora durante veintisiete años, pero un día va y mete la pata por... ¡qué sé yo!, ¿por una pequeña indiscreción como decir tu edad?, ¿por no felicitarte por tu cumpleaños? Entonces, la ha regado para siempre. No te atormentes pensando en lo que hiciste o dejaste de hacer, ella ya te ha puesto flores en la tumba (después de bailar sobre ella) y no hay nada que puedas hacer para recuperarla.

Hay una circunstancia adversa totalmente inevitable en la relación entre mujeres, y es la rivalidad. Reconozcámoslo de una vez. Desde que el mundo es mundo, nos hemos pasado sendos lustros en una constante carrera por llegar a la meta en primer lugar. ¿No acabaremos agotadas de luchar, durante siglos, por tratar de demostrar que valemos más que ellos y que el resto de los mortales de nuestro mismo sexo?

En la familia, desde pequeñitas, queremos ser la que mejor canta o baila y la que más monerías ha aprendido a hacer. En la guardería, la que mejor dibuja. En el colegio, la primera de la clase. Enla prepa, la más popular. En la universidad, la que más liga. En las bodas, la más elegante.

No te engañes. Es por eso por lo que cuando entras de nueva en un trabajo las que más reparos tienen en aceptarte son las féminas. Si fueras hombre, no pasaba nada. "Es un hombre, aunque no sepa hacer la "O" con el humo de un puro, llegará a ser director". Pero ¡una mujer!: "A ver lo que gana esa por hacer lo que hace". "Claro, con ese escotito y tan cortita...". "A saberse qué estarán haciendo ésos en la reunión..." Sí, también en el trabajo anhelamos ser la más considerada por los directivos, la más apreciada entre los compañeros y la que mayor sueldo gana.

En el matrimonio, la que más sufre, la que más sacrifica, la más abnegada. En la maternidad, la más responsable: la que mayor número de veces limpia los mocos en el parque al niño, la que más primorosa lleva a la nena, la que da bronceador al peque en la piscina con mucha más frecuencia.

Nuestros críos son los más guapos, los más simpáticos, los más listos, los más audaces. Desde que nacen ya les estamos enseñando a decir ajos para exhibirlos como un mono de feria. Después, seremos la que antes les enseñe a sumar, a restar, a leer... y a recitar el *Cantar del mío Cid* si fuera necesario. Claro que si el de la otra es malo, el nuestro es mucho peor. ¡Es que ya no sabemos qué hacer con este niño!

Y no hablemos ya de nuestros partos. En cuanto vemos a una pobre embarazada (con mayor motivación si es primeriza) corremos a contarle nuestra experiencia. Las primeras contracciones, la rotura de aguas, el niño que no para de 'dar por ahí mismo' pero nosotras que no hemos dilatado. La comadrona que se encuentra con seis vueltas de cordón alrededor del cuello del feto. La cesárea que se debiera haber evitado. La epidural que nunca llegaba. El enema, la hemorroide que nos salió después de dar a luz, las manchas en nuestras blusas de la leche que no para de salir a todas horas, y ¡ese puñetero niño que no mama lo suficiente, que no se te está criando...! ¡Ay, por Dios, qué desagradables! Hasta que no advertimos un tono verdoso en la piel de la pobre interlocutora, no paramos.

Y, finalmente, en la vejez tenemos la imperiosa necesidad de ser la que se conserva más joven, la que mejores hijos tiene "¡que se pegan por llevarla a una a casa!", la que disfruta de los nietos más cariñosos. Somos capaces hasta de admirar públicamente y sin el menor pudor a la más cochambrosa de las nueras... ¡Caray, que no bajamos la guardia ni un segundo!

Pero como somos todas en una (y una para todas) también pertenecemos a un gremio muy unido. ¿Acaso alguna de nosotras podría afirmar que la culpable de un rompimiento matrimonial ha sido "ella"? ¡Ni hablar! Nos regocijamos con el dineral que va a tener que pagar ese malnacido por la manutención de los niños. Y es que, en nuestra sociedad, no hay cosa que nos motive más que las desgracias de una semejante. Nos solidarizamos con ella que es un primor: "Es la que pierde, como siempre, ¡pobrecita mía! Se queda con los niños, con el coche, con el departamente, con el chalé de La Toja, pero ¡qué lástima me da! ¿Dónde va a ir ella tan solita?".

Así somos. Y el día en que nos relajamos se abre la caja de Pandora. Es entonces cuando empiezas a hacer "el oso" ante los ojos de los demás y, no lo dudes, las que te despellejarán antes serán ellas, sobre todo si te ven feliz. Cuando abandonas hijos, marido y perro. Cuando te escapas con un chico que tiene la misma edad de tu benjamín. Cuando te cortas el pelo al rape y te lo tiñes de fucsia. Cuando te jode tu suegra. Cuando no tienes para comer pero te sometes a una buena liposucción y, ¿por qué no? cuando mandas a la chingada a una amiga que lo es desde hace treinta años, es porque seguro que te dan razones para ello, no lo dudes. Y si no lo crees, continúa leyendo.

Decálogo de la "buena amiga"
POR SERENA DE BRIE

A continuación se enuncian los requisitos indispensables que debes cumplir para ser la mejor de las amigas.

Apréndetelos bien y no te los saltes a la ligera bajo ningún concepto:

1. Cómprate una agenda ahora mismo. Perpetua, si se puede ser. Esto es, que valga para todos los años y comienza por apuntar todas las fechas de nacimiento de tus amigas.
2. No se te ocurra recordarle cuántos años tiene a la hora de felicitarla. Lo mejor es evitar ese tema a toda costa. Pregúntale por lo que va a hacer para celebrarlo, qué le han regalado, etc.
3. Frases para censurar:
   a. ¡Qué bien te conservas!
   b. ¡Cómo te han sentado los años!
   c. Eres como los buenos vinos, que mejoran con la edad.

   Aunque las pronuncies con verdadera devoción, van a sonar lo mismito que un petardo en toda la oreja. No seas cándida.
4. Pero tampoco te pases con los halagos, si ella te dice que se siente hecha una piltrafa, desvía toda atención sobre ese asunto de inmediato. Un modo muy trillado es: "¡A Cuca sí que se le han echado los años encima! ¡Está estropeadísima! Si ya digo yo que abusaba demasiado del sol..." ella se auto invitará gustosa a profundizar en esa materia.

5. Nunca regales perfume a una amiga. Jamás acertarás. Y si ya conoces la marca que usa, ella también sabrá lo que te has gastado (y eso es demasiado arriesgado). Entre los demás regalos no permitidos están: el desodorante, la pasta de dientes, el gel, la crema, el maquillaje... no vaya a ser que crea que a ti no te gusta su aspecto o que estás censurando su aseo personal. Por supuesto, nada de cosas prácticas para la casa, sobre todo de cocina o limpieza.
6. Para su fiesta de cumpleaños te pones unos jeans, una camisetita de lo más normal y te recoges el cabello en una sencilla cola de caballo. Nada de maquillaje. Brillito de labios y un poquito de rubor. Tampoco vayas hecha un asco. Discreta, a la par que elegante, pero intentando pasar lo más desapercibida posible.
7. No hables con tus amistades ni de política, ni de religión ni de fútbol. Habla de chicos buenos, que es lo suyo.
8. Evita comprarte el mismo modelito (aunque varíes el color). Lo peor que te puede suceder es que ella te lo vea y, encima, te favorezca más.
9. No vistas un biquini demasiado pequeño cuando vas con tu amiga a una piscina. Tú haz caso y no preguntes.
10. No te pongas a relatar las gracias de tus sobrinitos si no quieres recibir un tiro en cuanto te des la vuelta. Valga el consejo para los hijos, los ahijados, los nietos o lo que quiera que sean esos monstruos bajitos.
11. No lleves fotos de tu chico en la cartera, ni de fondo del móvil, ni las plantes en tu página web personal, ni nada... no vaya a ser que crean que estás presumiendo de tener algo de lo que ellas carecen. Tampoco de tu mari-

do, amante, mascota... (aplíquese también para los sobrinitos, los hijos, los ahijados y los nietos).

12. Tampoco uses fresitas, ni corazoncitos, te van a tomar por aniñada.
13. Dijeron: "fiesta del pijama". ¡No de camisón, estúpida! Y mucho menos de picardías de seda.
14. Si no tienes nada interesante que decir, NO DIGAS NADA. Me explico: tu amiga viene a contarte un problema y te pide consejo. Perdona, bonita, pero por elocuente que sea, no va a ser bien recibido si no le dices lo que ella quiere escuchar. A saber:
    a. Su chico la ha dejado. Pero, ¿eres tonta? ¿No se te ocurre nada mejor que "el que sigue"? Si no quieres que tu amiga te tache de su lista *ipso facto*, prueba con: "Yo creo que te quiere tanto que se ha asustado".
    b. Él le ha puesto los cuernos: "Si él te quiere mucho... ¡son ellas que son todas unas zorras!"
    c. Ella le ha engañado a él: "¡Es que se lo estaba buscando! Te presta poca atención. Si tuviera un detalle contigo más a menudo ¿Qué sé yo? Unos tristes pendientes de plata con un diamantito, un paseo en góndola o bajo la luz de la luna a bordo del Bateau Mouche, un viajecito a Cabo Verde... Es lógico que busques cariño fuera de su relación, me lo veía venir, ¡con lo que tú vales!"
    d. Se ha enfadado con otra amiga: "Si es buena chica, de verdad. Lo único (y que esto quede entre tú y yo) es que a mí me ha parecido siempre que te tiene mucha envidia".
    e. Tu amiga ha engordado. No menosprecies al enemigo, ni se te ocurra decir que no se le nota o que es mentira

(mucho menos, que es verdad) apunta: "Pero yo te encuentro mucho más atractiva. Sinceramente, has ganado en curvas y *sex appeal*".

f. Que no se te olvide el viejo refrán: "Entre padres y hermanos, no metas las manos". Si tu amiga viene a contarte que su hermano le ha hecho una mala pasada, ya puede ser el mismo Hitler, pero lo mejor es que te lances a la piscina de cabeza: Señala a su mujer como culpable de la situación, seguro que aciertas. Además, le va a encantar la incitación a criticar a su cuñada.

g. Ella ha matado a alguien: "¡Se lo habrá merecido, por cabrón! ¿Te has deshecho ya del cadáver?".

15. Si puedes hacerlo, y las circunstancias te son favorables, presenta a tu novio, en la misma fiesta de pedida. Te vas a ahorrar un montón de problemas, te lo aseguro. Si no intentan "buitreártelo" lo mismo hasta le cuentan "secretitos" tuyos que preferías haber ocultado.

    O mucho peor: él llega a conocerlas tan bien, que empieza a sospechar que estés hecha de la misma pasta. Entonces te quedarás con cara de *what?* preguntándote por qué ha salido corriendo como alma que lleva el diablo. Al igual que ocurre con la familia política, cuanto más tarden en conocerse, tanto mejor.

16. No pidas dinero. Es mejor mendigar en el metro o en la puerta del Cristo de Medinacelli que pedir dinero prestado a una amiga. Intenta, igualmente, evadirte de la tarea de ser tú quien lo preste, ya lo dice el refrán: quien presta dinero a un amigo, pierde el dinero y al amigo.

17. ¡Nada de fondos! ¡No seas cretina! Cada uno abona lo suyo y sanseacabó. En caso contrario te veo pagando,

además de la cena y las copas, el *parking* de la que ha decidido traerse el coche al centro pese a los embotellamientos. Las tostadas de la que, a las tres de la mañana, le ha entrado un hambre voraz. La caja de sal-de-uvas-picot y las toallas femeninas en la farmacia de guardia de la que ha sido visitada por Andrés, el que llega cada mes, sin previo aviso. Los preservativos de la que ha triunfado esa noche (y no veas lo que jode si tú te largas con dos velas a casa...)

18. Cuando una es amiga de verdad, tiene que estar dispuesta a engordar por sus amistades. Así que mucho ojo con quedar con la que tiene la "depre" y le da por meterse entre pecho y espalda unas tortas de nata que no se las quita ni un mendigo, o cajas gigantes de bombones rellenos de cualquier porquería inidentificable a nada animal ni vegetal. Te prevengo que no vale decir que una está a dieta y salir ilesa de esa situación.
19. Lo mejor que puedes hacer por una amiga (y por ti misma), cuando ha bebido más de la cuenta, es pedir un taxi, pagarlo por anticipado y detallar el domicilio de la achispada al conductor. Cuando te la encuentres al día siguiente, insiste en repetirle que tú misma la dejaste en su cama. De todos modos, ni se acordará de cómo llegó hasta allí.
20. Cuando te llame furioso uno de sus ex, no te molestes en "torear" la situación con valentía, vas a salir perdiendo aunque tengas el Nobel a la diplomacia. No creas que será suficiente con darle la razón como a los locos y dejar que él lo diga todo mientras tú escuchas. Si es un imbécil (y siempre lo son) pondrá en tu boca sus palabras: "¡Si hasta tu amiguita del alma opina como yo!". Prue-

ba con: "No te oigo nada, se me va esto, ¿eh? Te pierdo, te vas... sí, es que casi no tengo señal. ¿Me oyes? tuuuu tuuuu tuuuu".

21. Si no quieres que algo se sepa: NO LO CUENTES. Tu grado de obligación (o de esclavitud, según se mire) con respecto a una amistad es directamente proporcional a la cantidad de secretos tuyos que él, o ella, conozca.

22. Apunta la fecha en la que tu amiga te telefonee para charlar y no permitas que pase más de una semana sin devolverle la llamada.

    Aquí no vale llamar cuando una tenga algo que contar medianamente interesante o cuando realmente te apetezca saber de ella, no. Aunque te parezca de "Expediente X" ellas contabilizan las llamadas: "La última vez la llamé yo, ahora le toca a ella". "¿Será posible que haya tenido que ser yo la que le ha llamado las dos veces de este mes?"

23. Si tienes un problema, es mejor que alquiles una película de vídeo y te quedes en casa. De todas formas, cuando empieces a llamar intentando recurrir a alguien van a estar todas muy ocupadas. O mejor: no adelantes que tienes un problema, simplemente llama para quedar.

24. Cuando te sientas rematadamente sola y creas que nadie te quiere ni te comprende, invita a tus amigas a cenar, o a un Spa, o a un masaje o cuéntales que has encontrado un chico muy parecido a George Clooney que las quiere conocer. Si eso no te funciona, recuerda aquello del "quien tiene un amigo, tiene un tesoro" y créetelo, claro.

LA *M* CON LA *A*, *MÁ*

La gran cuestión... que no he sido capaz de responder,
a pesar de mis treinta años de estudio del alma femenina, es:
¿Qué quieren las mujeres?
SIGMUND FREUD

Algunos creen que para ser amigos basta con querer, como si para
estar sano bastara con desear la salud.
ARISTÓTELES

ES NOCHE CERRADA, pero un silbido raro e insistente suena desde la habitación de papá y mamá.

La luz del pasillo se ha encendido y ella aparece tras la puerta. El liviano raso de su camisón exhibe al trasluz su esbelta figura. Se ha asomado sobre los blancos barrotes de la cuna y te ha besuqueado repetidas veces. Es extraño que esté tan cariñosa desde tan temprano.

Corretea por el pasillo con unos zapatos que suenan como martillazos sobre la tarima y vuelve para tomarte en brazos, desvestirte, cambiarte el pañal y ponerte un vestidito horroroso a rayitas celestes.

Te ha bañado en perfume y te ha peinado con raya. De nuevo te besa. Te ha dado la impresión de que apenas te miraba al ponerte el abriguito. Vamos, que casi te ha cogido de la misma manera que toma el bolso. Pero, ¿por qué lleva tanta prisa? ¡Hace un frío siberiano!

Te ha sentado en la sillita del coche, te ha atado, se ha asegurado que el cinturón estaba correctamente ajustado y ha tomado asiento tras el volante. Al parar en un semáforo aprovechados segundos para empolvarse la nariz ante el espejo retrovisor, te ha echado una miradita compasiva a través del cristal:

—¡Pobrecita mía! —eso ha dicho.

No te ha sonado nada bien. Eso suele decirlo cuando se pasa con la temperatura del baño, cuando tarda en prepararte la comida, cuando vomitas, cuando mira el termómetro bajo la lámpara o cuando te prende el seguro que sujeta la correíta del chupón, directamente en la tetilla.

Ha parado en una calle donde una multitud de señoras salen de los carros tan apresuradas como ella, con los brazos cargados de bolsos y niños como tú. Las bocinas retumban en sus oídos. Pero los que pitan son los papás. Y, ahora que te das cuenta, ellos no llevan niñitos ni bolsos en los vehículos.

A la derecha hay un local abarrotado de gente y una señora rubia oxigenada con una bata azul les sonríe desde una puerta que, por cierto, te da cierto aire a la cuna por aquello de los barrotes:

—¡Uy, mira qué monada! —dice— ¡esta muñequita debe ser Paula!

Y a ti te dan ganas de preguntar quién es esa señora y por qué sabe tu nombre, pero no dices nada. Mamá le da el bolso y la pitonisa te toma en sus brazos. A ti no te hubiera parecido mal si no llega a ser porque, después del bolso, mamá le endilga a su propia hijita como si fueras otro paquete más. Te propina dos azotitos sobre el pañal y sale disparada hacia la puerta de salida.

Antes de montarse de nuevo en su Seat 600, (reliquia heredada de su tía abuela Maruja), echa una última mirada sobre la escena del crimen recién cometido y, tras tapar sus labios, se pone la mano en el pecho como si volviera a exclamar en su interior: "¡Pobrecita mía!". Y a ti se te vuelven las comisuras del revés y empiezas a emitir sonidos guturales.

Fijas tus demandantes ojos sobre la bruja embatada. Quisieras preguntarle por qué mamá te deja hoy en esa cuna enorme, pero a esta señora no le enternece ni tu llanto ni tu mirada y, a su vez, le larga el "paquete" a otra señora morena que también viste una bata azul y que te toma sin el menor entusiasmo.

—¡Uy, mira que monada! —vuelve a decir sonriente la de la puerta— ¡este muñequito debe ser Jaime!

Otra mamá vuelve a repetir la misma operación con sus "bultos" y el bebé pasa a manos de otra mujer vestida de idéntico modo que las anteriores.

Las mujeres de las batas azules los han ido depositando en una sala, que hace las veces de almacén de niños, que van ataviados con el mismo diabólico uniforme y sollozan como tú. Todos se miran entre sí, y después a las señoras de las batas azules. Tal vez estés esperando a que alguien deje de lagrimar para explicarte la situación: ¿Por qué hoy todas las mamás tenían tanta prisa? ¿Por qué se han puesto de acuerdo en vestirlos de la misma manera? ¿Por qué hace tanto frío? ¿Por qué los papás hacen sonar su claxon ahí afuera? ¿Por qué ahora tienes que vivir en esa cuna enorme? ¿Por qué hoy es lunes?

Pero no todos lloran. Hay una que no lo hace. ¿Es tonta esta niña o qué le pasa?

No para de estudiarte. Es como si estuviera cronometrando los lamentos o los segundos de silencio entre los lloriqueos. Parece estar tan atemorizada como el que más, pero no dice ni *esta boca es mía*. Se llama Helia. Está sentada en una sillita y sigue observando en silencio. Sostiene con firmeza un osito de peluche que yace sobre su regazo.

Amanda, otra niñita que también ha reparado en Helia, se abalanza sobre su osito y se lo arrebata sin la menor compasión. Todo ello, sin dejar de lloriquear.

El osito ha caído en poder de Amanda sin ninguna oposición de su discreta y silenciosa dueña. Y a ti te da mucha pena, pero bastante tienes ya tú con tus problemas.

Lola, que acaba de llegar con su mamá, ha presenciado la misma escena que tú. Tras lo que ella ha considerado un prudente periodo de lacrimógeno sufrimiento, se ha limpiado los mocos con la manga del vestidito a rayas y ha corrido hacia Amanda para robarle el osito.

Por una milésima de segundo, habías creído que Lola iba a ser tu heroína y le iba a devolver el osito a Helia. Pero no. Al ver que Amanda chillaba como si fuera un cochino en plena matanza y que una señora de bata azul se acercaba para interesarse por lo que estaba sucediendo, le ha dado a toda prisa el peluche a Jaime que, por la cara que ha puesto, tú dirías que no tenía el menor interés de quedarse con él. Aunque te has llevado un alegrón porque Amanda se ha quedado sin el objeto de su deseo, ¡por avariciosa!

Hay otra nena más, una que se llama Gabriela. Gabriela sabe hacer muchas cosas. Sabe desatarse el cinturón de la sillita y sabe abrir la puerta de la berlina ella solita. Ha salido corriendo del auto y los papás que no llevan niños han pitado aún más insistentemente. La mamá de Gabriela ha tenido que dejar su carcacha en mitad de la calzada, con las puertas abiertas para perseguirla hasta que ha logrado agarrarla, con los dedos a modo de pinzas, por el gorro de su chamarra.

Gabriela es una gran guerrera. No se ha dejado intimidar por las señoras de las batas azules. Ni le han convencido en absoluto los mimitos, ni que la llamaran "muñequita". Una vez que su madre ha desaparecido, los ha mirado a todos y ha sentenciado de voz en grito:

—¡No *mi buta nara eto*! —y ha comenzado a berrear con más fuerza que todos ustedes juntos. Todo esto antes de arrear sendas patadas en las espinillas a las señoras de las batas azules.

Pasados unos minutos, las señoras de las batas azules los han puesto a pintar y a cantar canciones, pero todos (excepto Helia) siguen llorando. Y cuando parecía que se habían hartado de llorar, ha llegado una "muñequita" nueva que se llama Patricia.

A esta niña no la ha traído su mamá, sino su papá y lo ha hecho en un carruaje muy muy muy grande y negro. También traían un bebé. Todos han envidiado al bebé porque venía dormido, lo han metido en un cesto y ahí se ha quedado como una fruta, sin enterarse de lo perra que es esta vida. Ni de si hacía frío o calor, ni de donde lo habían traído, ni de lo que llevaba puesto. Porque, encima, no lleva el vestidito horripilante a rayas, sino una camisa rosa y un faldón blanco.

La hermana mayor viene peinada con un lazo enorme haciendo juego con el trajecito horrible en cuyo bolsillito había bordadas unas iniciales: "PLM"

Lleva unos zapatitos preciosos y muy brillantes, y unos pendientes de oro con una perlita gris. De todas formas, tampoco lucía mucho gimoteando entre hipos. Ahora la miras con aires de grandeza: ustedes ya se han licenciado de ese mal trago. Están en un nivel superior.

Gabriela se ha acercado a la niña nueva, muy seria, y le ha recitado una retahíla de palabrotas:

—¡Moco, caca, culo, pedo, pis y... y caca!

Lo que ha originado que la novata apriete los párpados plañideramente con mayor desconsuelo aún.

Patricia es la única que no se ha quedado en el comedor a la hora del almuerzo. Ha venido una chica negra a buscarla, llevaba un vestido muy parecido al tuyo, pero con un cinturón y una diadema de tela blanca.

Aquí empieza tu toma de contacto con el mundo femenino, querida mía. Este capítulo es, en realidad, la verdadera introducción. Ya te has dado cuenta de que la primera mujer de tu vida, la más importante, tu propia madre, tampoco es de fiar. Tanto beso y tanto abrazo y a la primera de cambio va y te planta en el primer sitio que se le ocurre.

Ya te avisé, primero el separarte de ella a golpe de tijeretazo umbilical y después esto: la puñalada trapera por la espalda.

Es más, estás convencida de que hoy te quiere más que nunca porque sabe que está jugándote una mala pasada. Tiene cargo de conciencia. Vamos, que estaba "deseandito" pasar la cuarentena razonable de la maternidad para largarse de nuevo a trabajar y dejar el paquete a cualquiera. Entendiéndose por "cualquiera" las señoras de las batas azules (sin ánimo de insultar).

Y ésa ha sido la primera decepción. La segunda fue el día de la fiesta de fin de curso.

Tú y todos tus compañeros iban vestidos de pollito. Algo es algo, al menos se han quitado, por un día, ese tremendo vestidito a rayas que ya temías que se te hubiera quedado adherido a la piel para siempre.

Todos los papás y las mamás de los otros niños han acudido a una sala enorme con muchas sillas. La gran mayoría llevan sus cámaras fotográficas y sus vídeos, se apelotonan en la primera fila, empujándose unos a otros y diciendo muchas veces: "¡Oooooooh!".

La gallina Marcelina es ahora tu mamá que, en realidad, es Patricia disfrazada. Patricia es la protagonista de todo este tinglado porque es la que mejor canta, baila, habla... y la más guapa.

Clo, clo, clo, cantemos a la vida,
clo, clo, clo, cantemos a la aurora,
clo, clo, clo, yo soy una gallina,
clo, clo, clo, con pico de oradora.
Cantemos, hijos míos...

Y aquí llega el momento importantísimo en que tú desempeñas tu gran papel en la obra. Claro, tú y el resto de la clase:

—*Pío, pío, pío.*

—*No le temáis al frío* —Patricia les muestra su dedito ensortijado.

—*Pío, pío, pío* —le responden todos a una voz.

—*Yo soy una gallina* —se vuelve a menear con sus bracitos en jarra— *de mucha tradición, pues era de mi 'agüela' el 'güevo' de Colón, chimpón.*

Tú buscaste con la mirada a mamá, luego a papá. Pero ellos no estaban en la sala.

Encontraron la espiga, la llevaron al molino, Marcelina le pidió ayuda, sin ningún éxito, al perro (Gonzalo) y a la gata (Amanda), molieron la espiga, amasaron la harina, la metieron en el horno, Marcelina molestó a sus vecinos (perro y gata) y mamá continuó sin aparecer.

Se comieron el pan y volvieron a cantar: "Pío, pío, pío" y mamá no llegó para hacer sus fotos y decir: "¡Oooooooh!".

Al final de la velada fue a recogerte una vecina que te explicó que mamá estaba muy triste por no haber podido acudir a la función a causa de una ineludible reunión de trabajo. Y tú, finalmente, te quedaste dormida en el sofá de la buena mujer, vestida de pollito y sudando como la susodicha ave de corral.

De todas formas, lo de la fiesta de fin de curso fue una mentira enorme. Porque al día siguiente volvieron a ponerte el vestidito horrendo a rayas y a llevarte con las señoras embatadas de azul. Y así, un día tras otro, y tras otro, y tras otro, hasta que muchos miles de días después se fueron a la playa.

Y todos esos días que a mamá le duele la cabeza y te manda callar porque tiene muchos problemas... ¿y tú? ¿Es que tú no tienes problemas? ¡Problemas gordísimos! Como que todos tus compañeros ya no llevan pañal y a ti la pis se te cae sin avisar. O como que, en las cuadernillos de dibujo te sales de los puntos y la 'seño' no hace más que repetirte: ¡qué no te salgas de los puntos! Y tú que te esfuerzas mordiendo tu lengua y haces lo imposible, pero nada, que el lápiz rebelde hace lo que le viene en gana, sin contar contigo, y no hace más que pintar fuera de los puntos.

Lo positivo del feo asunto este es que ya no odias a las señoras de las batas azules porque te inspiran tanta lástima como tú misma. Sobre todo, cuando ponen medio pucherito para avisar a mamá: "Mañana es Navidad y no abrimos, te lo digo para que no nos la traigas, por favor".

A veces resoplas en el asiento trasero del coche de papá. Él y mamá te están regañando de nuevo. Aunque para ellos discutir sea que ella chille y que él calle. Mamá se queja de que sabe perfectamente lo que va a hacer el tercer fin de semana de junio del 2052: ir a casa de sus suegros al Pardo. ¡Qué manía tan tonta, la de mamá, llamar a los abuelos "suegros"!

No entiendes a mamá. Siempre te está diciendo que hay que dar gracias a Dios, todos los días, por tener lo que tenemos y sentirnos contentos con ello. Por ejemplo, cuando aquel viernes te llevaron al parque de atracciones, te pusiste a llorar en el momento de marcharse. Tu madre te dijo muy seria:

—Niña, tendrías que estar feliz de haber venido hoy. Hay que disfrutar del momento. Y hay que hacerlo dos veces: una, mientras se está viviendo y la segunda, cuando se ha acabado, recordándolo.

Pues a ella feliz, lo que se dice feliz, no es que se le vea muy seguido. Ni una vez, ni mucho menos dos.

—Estoy harta, Carlos. Esto no es tener intimidad. El casado casa quiere. Yo no tengo nada en contra de tus pobres padres, pero comprenderás que no me apetezca meterme a dormir con ellos. Es que no te entiendo... —mamá se gira hacia el asiento trasero— ¿Estás atada, Paula? Parece que estás deseando la mínima ocasión para evadirte de tu familia, de tu propia familia, o sea, de nosotras...

Sí estás "atada". Siempre lo estás. Pero no te molestas en contestar porque tampoco es que tu madre esté muy interesada en saberlo con exactitud. De hecho, te lo pregunta cada diez minutos.

Eso es lo que le pasa, que quiere estar en todo pero no está en nada porque tú bien sabes: o está peleándose con papá, o está en el cinturón de tu sillita. Lo que necesita mamá es ir al colegio con la señorita Pepita para que le diga aquello de "quien mucho abarca, poco aprieta". Mamá quiere abarcar demasiado. Ahora, que también aprieta, no te creas. Sobre todo en cuanto a lo de "atar" a alguien.

Que quería que te ataras los cordones de los zapatos: "Paula, átate".

Si quería que te abrocharas la chamarra: "Átate, Paula".

Si se te habían deshecho las colitas: "Nena, átate esas greñas".

Muchas veces sirve para cualquier cosa. ¿Que quería que comieras?: "¡Átate de una vez!" ¿Y si te quería mandar callar?: "¡Paula, que te ates!".

Tu madre es una niña-mamá, un poco mandona, pero no está mal como madre. Eso sí, es muy distinta del resto. No parece una mamá. Cuando te lleva todos los días al colegio, mientras conduce se inventa canciones graciosas y te narra cuentos que imagina sobre la gente que va en los turismos de alrededor. Un día, durante un atascon, te contó unas historias tan divertidas que no pudiste evitar mojar tu sillita. ¡Qué día aquel! Mamá tenía una reunión importantísima y allí mismo, en el Seat 600, te quitó los chones, te limpió con una toallita y te pasaste el día temiendo caerte o que alguien levantara tus faldas.

Tus amiguitas te decían que tu madre era muy graciosa, muy moderna y muy guapa. Eso era porque con todos era muy simpática. Organizaba los cumpleaños estupendamente, con payasos, con globos, con juegos... ¡Ah, y Halloween! Ponía sábanas blancas por encima de todos los muebles del salón. Hacía telarañas con cuerdecitas y las colgaba por todas las esquinas. Colocaba arañas y tarántulas de goma por encima de los manteles, apagaba las luces y encendía velas.

A todos tus amigos les encantaban aquellas fiestas. Y si alguno iba mal pintado, ella enseguida lo maquillaba terrorífico. O si faltaba algún disfraz, ni corta ni perezosa, se inventaba uno en un dos por tres.

Pero los demás no saben tan bien como tú que en muchas ocasiones no hay quien la aguante. Sobre todo cuando empieza las frases con "¡niña...!" es para echarse a temblar.

O cuando continúa con "mira, niña, quete-quete-quete..." o cuando se empeña en hacer femeninos o masculinos imposibles: "Ni globos, ni globas", "ni chuches ni chuchas", "ni chicles ni chiclas..."

Otras, generalmente a voces en casa, las empieza con "Crislupacar" o "Carpalucris" o "Pacriscarlu" Es cuando intenta llamarte, pero tu no sabes qué le pasa a mamá que, de vez en cuando, se olvida de tu nombre:

—Cristi... Luci... Pau... Carl... ¡Paula! Ven inmediatamente a recoger tu habitación.

También pone nombres a tus juguetes:

—Este cajón no se puede cerrar ya. Está llenito de *cachipurris*.

No sabe ni los nombres de tus amigas. A Amanda la llama Sandra. A Patricia, Cecilia. A Gabriela, Candela. A Helia, Celia. Y a Lola, Concha. ¡Toma ya! Pero ella es así. Le gusta cambiar el nombre a todo el mundo.

Perdiste la cuenta de las veces que escuchaste al conserje decirle:

—Usted disculpe, doña Olga, me llamo Damián, no Marcial.

—Sí, puede ser, doña Olga, puede ser que el mensajero haya preguntado por Marcial, pero lo mismo yo no estaba en el portal y alguien le haya podido decir que aquí no trabajaba ningún Marcial.

—¡Ay! ¿cómo se llamaba este hombre? Yo me acuerdo que tenía nombre de pasodoble... ¿Julio será? ¿Julio Romero de Torres?

¿Y qué más dará como demonios se llame el tipo? ¿Y qué importa lo que le duela al pollo ese y la tripa que se le haya roto?

—¡Pobre Marcial! Está de baja porque por lo visto está fatal de eso... ¡de eso con lo que se hace el paté! Digo yo que debe darle a la botella de jerez, cosa fina. Que se empuja unas pollas para desayunar de borrachín. O sol y sombra, que muchas veces viene "tomao".

Y a ti te deja con la duda sobre el sabor de los *sandwiches* de paté de Damián al jerez, al cognac o a la "polla".

En su oficina "cerraban los semestres y los años". Tú no sabes a qué se refería cuando hablaba de ello. Debía ser que hacían una fiesta de despedida como las que se hacen en Nochebuena. No te extraña nada que a mamá le guste tanto ir a trabajar, se lo debe pasar en grande. El caso es que venían unos "auditores" para cada cierre, que debían ser los organizadores de la fiesta. Bien, pues mamá los llamaba Junio y Diciembre. A ti te extrañaba mucho que alguien pudiera llamarse Junio o Diciembre, así que supusiste que se trataba de otro de sus "bautizos civiles" pero no preguntaste porque al final se liaba a darte explicaciones que te dejaban con la cabeza caliente y los pies fríos.

Mamá es jefa de marrones, eso te dijo cuando se te ocurrió preguntarle por si era jefa en su trabajo. Debía ser difícil eso de ser jefa de marrones. Tenía que hacer muchas sumas y restas llevando, y hablar en clave por teléfono, dando mensajes en contraseña:

—Cuando yo le dije a tú sabes quién, ya sabes qué, se quedó tan ancho, hija, como si oyera llover.

Y en ocasiones se llevaba el trabajo a casa, porque no lograbas averiguar cómo habías sido capaz de entenderla. Como ese día, que estabas haciendo muñecos con tu plastilina:

—Paula, bonita mía, que vamos a cenar, que ya están listos los baldosines —abrió mucho los ojos y te mostró la palma de la mano— ¿quieres hacer el favor de guardar tus tiliches de una vez?

Tú, por supuesto, guardaste la plasti en el estuche y debió ser que acertaste porque dejó de darte lata. En cuanto a los baldosines... ¡Bah!, no eran más que champiñones al ajillo.

Mamá tiene soluciones para todos los problemas, aunque los llame como Dios le dio a entender. Por ejemplo, su amiga Cristina tiene a su madre muy enferma pero no puede llevársela a vivir con ella y la señora no quiere irse, bajo ningún concepto, a vivir a un geriátrico. Ella le sugiere que le ponga un "tamagochi". Que, por lo visto, es uno de esos colgantes que llevan los viejitos en su casa y que aprietan cuando se caen en las bañeras o les da cualquier achaque. Los de los servicios sociales acudirán prestos a socorrer a la anciana en cuanto esta pida ayuda.

O si papá, por ejemplo, se queja de no tener dinero ni para echar gasolina, ella le aconseja que se saque la lotería del transporte, que es una forma muy económica para llegar en metro o en autobús al trabajo. Y tú no puedes evitar morirte de la risa si imaginas la cara de la taquillera del metro cuando papá (en lugar del carné de la EMT) le muestre el resguardo de la lotería.

En realidad, lo que ocurre es que nunca escucha, aunque sea ella la que reproche lo mismo a papá. Ella habla y habla pero nunca escucha. Estás completamente segura de que el sonido que más le gusta oír a mamá es el de su propia voz. Te diste cuenta de este pequeño defectillo de fabricación de tu mamá muy pronto.

—¡Mira, mamá! —le plantas el papel en la misma nariz— ¡Mira lo que he pintado!

—¡Ah, sí! —dice ella simulando estupefacción— ¡Qué bonito!

—La 'seño' me ha puesto un diez en plástica.

—¡Ah! —vuelve a asentir satisfecha— ¡Muy bien, nena, muy bien!

—Hemos comido macarrones.

—¡Muy bien, nena, muy bien! Eso está fenomenal.

—Y la directora me ha castigado en el pasillo porque me ha pillado tirando gises a Claudia.

—¡Ah!, ¡Muy bien, nena, muy bien! —agarra tu mano para cruzar la carretera por el paso de peatones y te dice— pero ahora cállate un poquito porque si no, no me dejas escuchar mis pensamientos.

Ella va a lo suyo. Nada de lo que nadie tenga que contarle merece tanto la pena como para que ella calle y escuche. Nada tiene tanta importancia como lo que a ella le pueda pasar. Es una egoísta. Por eso, deduces que no se queda con los nombres, no le interesan. Cada persona tiene el nombre de las necesidades que puedan cubrir en su vida: ¿Hambre? Cocinero restaurante. ¿Sed? Camarero bar. ¿Frío? El hombre del gas. ¿Llamada? Telefonista. ¿Fiesta? Nana para ti. ¿Sal? Vecina. ¿Olvido llaves? Conserje (Marcial, Julio, Sebastián, Evaristo o *Foie-gras*... ¿qué más da?).

Y, además, cómo se nota que tu mami es jefa, hay que ver con qué ganas ordena "tráeme, agarra, búscame, llévame..." es como la Sargento Pititi:

—Anda, nena, bonita, recógeme eso que se me ha caído, que a ti te queda más cerca el suelo.

Papá es más tranquilo. Mucho más. Y más rico. Debe estarlo porque mamá dice que tiene atole en las venas. Estás deseando que papá se haga una costra para chupar la horchata que le salga de la rajada. Pero a él no se le ven los sentimientos, eso dice ella. Que la gente que no deja que se le vean los sentimientos es una cobarde. Tú no ves esos sentimientos que hay que ver por ninguna parte, por más que los busques. En cuanto a su profesión, nunca supiste lo que es. Porque un día le preguntaste si él era jefe también y te contestó al vuelo con otra pregunta:

—¿Quién te lo ha preguntado?

—Patricia —respondiste.

—Pero, ¿es tu profesora? —se interesó él.

—No, es una amiguita —le aclaraste tú.

—Ah —asintió— pues tu padre es obrero. Eso es lo que tienes que decir a tu amiguita, que tu padre es obrero.

—¿Obrero? —Patricia te miró casi con compasión cuando al día siguiente resolviste su duda— ¿pero de los que llevan casco y todo?

Mira que lo has buscado, pero el casco no ha aparecido. Sí sabes que lleva una bata blanca todos los viernes a casa para que se la lave mamá. Pero del casco, ni rastro.

Con casco o sin él, papá no se inmiscuye en tus asuntos, ella sí. Es una metiche. Te da mucha vergüenza cuando en el colegio, algún día que va a recogerte, dice:

—¡Qué chico tan mono!, ¿no, Paula?

Te sientes intimidada. Tu mamá no es tu amiga. No puede pretender que le cuentes todo y mucho menos si te gusta algún niño. Así que te pones a la defensiva:

—¡Vamos, mamá, si es mayor que yo!, va dos cursos adelante.

Entonces es cuando ella te da sus clases teóricas:

—Ya cambiarás. Te gustarán mayores. Y ellos también, ¿sabes? Cuando crezcan un poco ya no les gustarán las niñas de su clase, sino las grandes. Las que tienen todo más grande... tú ya me entiendes. Pero después, cuando sean igual de grandes que yo, les gustarán las pequeñitas otra vez.

La verdad es que mamá sabe muchas cosas de sentimientos, de chicos y del futuro. ¡Caray, que hasta sabe lo que va a hacer el tercer fin de semana de junio del 2052! Pero no hay un ser humano que la trague.

Lo malo es que tendrás que esperar a tu adolescencia para vengarte. Sobre todo que ella ya rondará los cuarenta, que es cuando, según dicen, se vuelven más sensibles y cuando más necesitan de ti.

¡Se va a enterar esa! Ya te digo que se enterará.

A, DE AVARICIA

Egoísta es aquel que se interesa más en él mismo, que en mí.
AMBROSE GWINETT BIERCE

Hay mujeres que quieren tanto a sus maridos que, para no usarlos, toman el de sus amigas.
ALEXANDRE (HIJO) DUMAS

AMANDA ES EL CENTRO DE ATENCIÓN, no porque ustedes tengan el menor interés en ello, sino porque no queda más remedio. Es el ombligo del universo: la novia en la boda, el niño en el bautizo, el muerto... no, no... ¡al muerto que le den!, ella es la viuda. La viuda del difunto en el entierro.

Amanda se pasa las veladas enteras de sus cumpleaños a lágrima batiente porque siempre, sin excepción, se encapricha de algún regalito que le han hecho alguien.

Su madre les arranca de las manos la muñeca, o la cocinita, o lo que sea, con tal de que ella deje de llorar:

—Cariño mío, déjaselo un poquito, ¿vale? —les sonríe propinando leves toques sobre su cabecita— mira, yo te prometo que, en cuanto se le olvide, te lo devuelvo.

De hecho, no hay ser humano que pueda echarla de tu salón si su mamá no se la lleva, de regreso a casa, con el obsequio puesto. Días más tarde, se lo reembolsará a tu madre, muy probablemente ya roto o sin pilas.

¡Estúpida manía la de abrir los paquetes después de soplar las velas del pastel! Les hubiera ido mejor no hacerlo, o hacerlo dos días más tarde.

Y, a propósito de pasteles, los años de experiencia les demostraron que era mejor preguntarle a Amanda de qué sabor prefería el pastel, porque si no lo hacían, y sus padres compraban el que les parecía, no probaba bocado y también regalaba mil lágrimas (y se la doblaban) porque no le gustaba. Así que, desde un acertado día, hasta la última fiesta de cumpleaños que recuerdas, todos los pasteles fueron de trufa.

Pero no importaba nada que la fiesta fuera la propia, igualmente se lo pasaba de miedo a moco tendido.

Lloraba porque llovía, y ella había pensado celebrarlo en el jardín de la comunidad. Tampoco era aconsejable que hiciera demasiado calor, a ver si iban a sudar mucho corriendo. Y, ¿a quién se le ocurre poner globos azules? En toda fiesta de cumpleaños que se precie, ¡los globos han de ser obligatoriamente de color rosa! Y nunca, bajo ningún concepto, debe estar rayado el disco que ella ha elegido para bailar (nos pegaría todo que fuera *It's my party and I cry if I want to*)[1].

La apertura de los presentes no era mucho mejor que la suya. Si alguien le traía el cochecito del Baby mocosete en azul, ella berreaba porque lo quería verde. Si le obsequiaban la cuna de la Barriguitas, ella prefería la camita o el armario de la Nancy. Si alguien se aventuraba a comprarle una lavadorsita, ella se quejaba de que lo que necesitaba era la plancha, o la aspiradora. Y si alguien había tenido la osadía de regalarle un cuento, ya no es solo que llorara, es que le tiraba el cuento a la cara de aquel pobre desdichado.

El que su mamá, las suyas y ustedes mismas la hubieran mimado hasta la saciedad y durante tanto tiempo, le otorgó la certeza de que todo giraba en torno a ella.

---

1 ¡Es mi fiesta y lloro si quiero!

A ninguno de tus padres les caía bien Amanda. No podían entender esa manía tuya de hacer todo lo que ella te ordenaba, sin el menor reproche y, sin embargo, poner reparos a todo cuanto ellos solicitaran de ti.

—¿Te gusta la falda que te he comprado? —preguntaba mamá.

—No, no combinaba con nada.

—¿Quién lo dice? —taconeaba esperando escuchar la misma respuesta— ¡No me lo digas! Tu amiguita Sandra.

—Amanda, mamá —corriges en vano— dice que este año se llevan más cortas.

—Pues te la acorto un poco... —tomaba los alfileres del costurero.

—No, es que no se llevan de vuelo, se llevan estrechas.

—¡No me digas! —los alfileres asomaban entre sus dientes— ¿Te lo ha dicho Sandrita? ¿Ya la ha contratado Dior? Mira, niña, tu amiguita es una muerta de hambre, si estas faldas no le gustan, probablemente es porque no tiene un céntimo para comprárselas.

De todas formas daba igual como fueras vestida, porque Amanda, después de mirarte de hito en hito, ponía los ojos medio en blanco y suspiraba:

—Pfff, ¡estás espantosa!

¿Qué querría decir con eso? Por lo que tú conocías, tu madre tenía bastante estilo en elegir tus modelitos (a pesar de tus reproches) y todo tu ropero era de marca. Sin embargo, Amanda tuvo que quedarse seis meses sin salir para conseguir ahorrar sus domingos y comprarse unos Levi's Strauss, etiqueta roja, 501, que por lo visto eran ¡lo máximo!, teniendo tú, como tenías los tuyos, para andar por la casa.

Y es que, las cosas como son, serían el último grito, pero el grito lo dabas tú cuando te mirabas al espejo, ¡que menudo trasero te hacían!

En lo que sí habías reparado es que nunca (pero lo que se dice nunca) te decía que le gustara tu atuendo cuando éste era de su aprobación. Volvía a mirarte de pies a cabeza, pero nada. ¡No decía ni media palabra de cortesía, la muy asquerosa! Eso sí, a los tres días venía con algo muy similar, si no idéntico.

En otras ocasiones en que notabas que sí le complacía lo que llevabas puesto, buscaba con lupa cualquier otro defecto:

—¡Madre mía! ¿Es que te ha cortado el pelo el jardinero?

A veces llevabas puesta una camisa "ideal de la muerte" (como la describiría Patricia) y de repente ella se limpiaba sus gafas de sol con ella. Pero, ¿es que le habrías dado la impresión de llevar el delantal puesto? ¿Por qué no llevaba una gamucita en la funda, como todo el mundo?

—Amanda va a elegir letras, así que yo debiera hacer lo mismo...

—¿Tú letras? —se sorprendía papá— pero si a ti se te dan fenomenal las ciencias y las matemáticas, como a mamá.

—Ya —te resignabas— pero es que si no, dejamos de ir a la misma clase...

—Pues se citan en el recreo, hija —te aconsejaba tu madre— o a la salida, pero a su alteza real que le den lo que quiera.

A ella le ponía enferma que "la soberana" se creyera que la buena educación se limitase a pedir todo 'por favor' y a dar las 'gracias'. De hecho, Amanda le pedía a su propia madre todo 'por favor' y cada vez que lo recibía le daba las 'gracias'.

Pero tus progenitores te habían enseñado otro tipo de cosas para demostrar el *savoir faire* como, por ejemplo, no atravesar la puerta de la entrada de la casa de nadie sin haber sido previamente invitada a hacerlo.

En cuanto el timbre de la puerta de la entrada dejaba de sonar, Amanda pasaba como un *tsunami* ante las faldas de tu mamá y se dirigía resuelta a tu habitación, el cuarto de baño o la cocina, como si fuera un bombero encargado de extinguir un incendio.

Eso sin añadir que en alguna ocasión para saludarla lo hizo con un:

—¡Uy, Olga! ¡Qué mala cara tienes! ¿Estás mala o algo?

Interés por la salud de tu madre que era, obviamente, muy mal recibido por parte de la Sargento Pititi.

A tu padre lo pilló en paños, ya no menores, sino inexistentes bajo la ducha, pero es que "ella se estaba haciendo mucho pis". Con esta aclaración quedaba perfectamente establecido el orden vigente: el satisfacer las necesidades de Amanda era mucho más importante que cumplir con las normas de higiene de tu padre.

Si se dirigía a la cocina, abría la nevera y se echaba un trago de Coca-Cola directamente de la botella.

—¿Quieres un vasito, *guappppppa*? —sonreía maléficamente tu madre.

—No, gracias, ya me he servido yo.

Claro que, a veces, al trago le hacía acompañarse de unas cuantas aceitunitas o de un pedacito de lomo ibérico.

Y para proseguir hablando de incoherencias femeninas, a tu madre lo que le molestaba no era que se pusiera "como el Kiko" de su comida y bebida. Ni siquiera que metiera el dedo directamente en el tarro de la salsa, sino la propia indiscreción en sí. ¿Por qué tenía que estar esa niña enterada de lo que se compraba o comía en esa casa?

Así luego hacía frases tipo:

—Es que en casa nos gusta mucho la ternera —se daba aires de grandeza, mientras pronunciaba excesivamente la erre— porque el cerdo, ya se sabe... ¡y el pollo! son para los pobres, como la mortadela.

Si se dirigía al cuarto de estar, tomaba el control de la televisión (sin importarle quien estuviera viendo qué programa) y hacía *zapping* buscando algo que a ella le interesara. Menos mal que sólo había dos canales: la de siempre y el UHF.

El colmo de todos los colmos llegó en Navidad. Aquel año tú te ibas a pasar la Nochebuena con tus primos de Alicante, por lo que sólo te quedaba una noche para salir aquí en Madrid, la de Reyes.

Te habías comprado un vestido precioso de fiesta y Amanda, con la misma facilidad con la que abría la puerta de la entrada, la del cuarto de baño y la de la nevera, abrió la de tu armario y quedó fascinada con tu nuevo vestido, para tu sorpresa:

—¡Ay, qué preciosidad! —unió las palmas de las manos para suplicar— préstamelo para Nochebuena, por favor.

—Es que... —temiste la cara de tu madre al ver a Amanda salir por la puerta con la prenda— Yo pensaba ponérmelo en Reyes...

—¡Perfecto! —dictaminó ella— Yo me lo pongo en Nochebuena y tú te lo pones en Reyes.

Mamá te recordó muchísimo a la madrastra de Blancanieves cuando le dio la bolsa de plástico para que se lo llevara.

Pasaron unos interminables segundos hasta que Amanda consiguiera, a fuerza de persistir, que mamá soltara el asa de la bolsa. E, inmediatamente después de cerrar la puerta tras la espalda de Amanda, lanzó tal bramido que creíste que tus primos de Alicante ya estaban al corriente de lo sucedido antes de contarlo:

—¡Tú eres retrasada mental, hija mía!

—¡Qué más da, mamá! —le restaste importancia al escabroso asunto— Si yo me lo voy a poner en Reyes.

—¡Después de que ella lo haya estrenado, sudado y lucido por ahí! —masticaba las palabras— Y encima, se creerán que la que vas de prestado eres tú. ¡Qué no tiene dónde caerse muerta, hija, y parece la mismísima Ivana Trump! ¡Qué encima nos viene criticando!

El día de Reyes tuviste que pedir prestado una adecuada indumentaria a tu hermana, porque Amanda te lo devolvió, sí, pero con una quemadura de cigarro tan visible como difícil de restaurar. Y para rematar la faenita y terminar de soliviantarte más, Lola vino a hacer uno de sus habituales comentarios:

—¡Te perdiste el modelito de Amanda esta Nochebuena! Solo le faltó escupirnos —resoplaba— ¡Parecía Greta Garbo resucitada!

Amanda tenía un amigo. Un tal Jerónimo del que no paraba de hablar: "Jerónimo por aquí, Jerónimo por allá". El nombre es, por donde lo mires, un horror, así que te lo imaginas feo como un demonio, con el penacho de plumas de colores y cortando cabelleras a diestro y siniestro. Pero cuando te lo echaste a la cara, comprobaste que era de los guapos insultantes. Esos a los que no te acercas por temor a molestar.

En tu opinión, se lo tenía demasiado creído pero, bueno, es que si el chico tenía espejos en casa, ya se habría percatado de que no estaba mal del todo y, por añadidura, cretinas de la talla de Amanda se lo recordaban a cada paso.

Sus rasgos eran graves: pómulos marcados, nariz recta, labios carnosos y mandíbulas cuadradas. Pero el secreto de su éxito debía residir en sus verdes ojos que parecían ocultarse bajo una prominente frente y daban sensación de profundidad. Y, sí, le faltaban las trenzas y las plumas, pero el largo de su brillante cabellera era casi el mismo que el tuyo.

A todas esas conclusiones llegaste sin escucharle hablar. Cuando Amanda te lo presentó e intercambiaste dos o tres frases con él, decretaste que el tipo era un mentecato. Tan tonto como guapo. Por eso no te extraña en absoluto que Amanda y él salieran unas cuantas semanas en el pasado (el "pasado" de las adolescentes se limita a un par de años atrás) ya que "Dios los cría y ellos se juntan".

Con respecto a cortar cabelleras, no puedes asegurar que lo hiciera, pero Jerónimo y su amiguito del alma, Mateo, se pasaban la vida riéndose juntos de todo bicho viviente que transitara ante sus ojos. Y a todos los apodaban con motes despectivos: la llaverito, la monquiqui, el cansino, el guacamoles, el chipotes, la susiflor, la lirio, el sentao...

¡La de vueltas que da la vida! Resultó que Jerónimo y Mateo empezaron a frecuentar la misma alberca a la que tú ibas con tu hermana y tu madre. Y, ahora que lo piensas, ¿cómo les llamarían a ustedes?

Te vengaste de sus risitas porque empezó a ocurrir que todos los críos cuando se iban a lanzar en trampolín a la piscina gritaban:

— ¡Jerónimooooooooooooooo!

Y él siempre miraba a izquierda y a derecha buscando alguien que lo estuviera llamando.

Jerónimo ganaba aún más en bañador aunque tú insistieras en que era el "rey de la testosterona". Lucía unos buenos bíceps y sus abdominales eran igualitas al lavadero que aún conserva tu abuela.

Cada vez que se acercaba a saludarte, tú atizabas el codo de tu hermana:

—Calla, mira, que por ahí viene Popeye.

Comenzaron por sentarse cerca de ustedes, para terminar tumbándose a su lado. Al final te diste cuenta de que el muchacho no era tan necio como habías pensado. Empezaron a intimar y a contarse sus cosas y, en menos de un mes, te volaste por él.

Tú no eres tonta, así que enseguida notaste que te buscaba con la mirada nada más salir de los vestuarios y también que si se encontraban por la noche en la discoteca, hacía tantas maniobras como fueran necesarias para charlar contigo.

Amanda estaba perdidamente enamorada de "su Paco". De hecho, "Paco" fue el primer hombre por el que lloraste en tu vida (sí, has leído bien: tú lloraste por "Paco" que ni te iba ni te venía, ¿recuerdas?). Justo la misma tarde que rompió con ella por primera vez.

Tenias "Paco" hasta en la sopa, pero por si las moscas no le comentaste nada sobre tus sentimientos hacia Jerónimo.

—Mira, por ahí viene Jero —te anunció en la disco.

—¡Ah, sí!, ya lo veo — simulaste que no te importaba.

—Ahora parece que te cae bien, ¿no? —alzó la ceja derecha— Claro, como se ven tanto en la piscina...

—Bueno, no está tan mal... es guapo...

—Calla, que viene... —y se abalanzó sobre él— ¡Jero, cuánto tiempo!

—Sí, es verdad... —sonrió él intentando esquivarla para saludarte con dos besos, como solía hacerlo— Hola, Paula...

No se lo permitió. No me preguntes cómo, pero consiguió que se sentara a su lado (en la esquina opuesta al tuyo) y cada vez que abría la boca, aunque fuera para comentar algo contigo, ella era la que respondía y la que volvía a preguntar por otro tema que nada tenía que ver con lo que él quería tratar.

Aquella ocasión la pintaban calva para, por una vez, recordar los consejos de tus padres con respecto a esta amistad tuya. Y entraste al trapo:

—¡Qué risa hoy en la piscina! ¿Verdad, Jero?

—¡Jo, sí, es verdad! Cuando ha venido el salvavidas con... —trataba de continuar la conversación.

—Y, ¿qué tal los exámenes? —interrumpía Amanda— ¿Vas a aprobar todas este curso?

—Bueno, a lo mejor me queda...

—¡Ay, mira esta canción lo que me gusta! —volvías a recuperar tu protagonismo— ¿No tenías tú este disco?

—Sí, te lo puedo dejar... es Der Kommissar de Falco —alargaba el cuello como un avestruz para tratar de divisarte— te lo traig...

—Porque al final aprobaste física, ¿verdad? —volvía al ataque Amanda.

—Sí... —se daba por vencido mientras te echaba una furtiva mirada.

—¿Y tu madre...? —trataste de hacerte notar una vez más— ¿No me contaste que estaba enf...?

—¿Y este verano, qué? —volvía a interrogar ella— ¿Vas a ir a tu apartamento de Benidorm, como siempre?

Te levantaste bruscamente. "Pero, ¿qué estoy haciendo?", pensaste. "Yo no soy así. ¡No puedo ser así!".

Estabas totalmente abochornada por haberte comportado como ella. Parecían dos lobas peleándose por un cervatillo. ¡Qué vergüenza! Este pobre chico (si es que dejaban pedazo de él) no iba a volver a querer verlas ni en pintura nunca más.

—¿Te vas ya? —Amanda simuló sorprenderse.

—Sí, sí —te planchaste los jeans con las palmas de las manos— Estoy cansada y me duele la cabeza.

—Espera, Paula —te dijo Jerónimo— ahora nos vamos a ir a tomar una copa a una terraza que está genial...

—No, de verdad, estoy muy cansada...

Y te fuiste llorando a casa. No era tristeza, no. Era rabia e impotencia.

Al día siguiente volviste a verlo en la piscina y él volvió a colocar su toalla al lado de la tuya. Pero tú ya estabas avisada: Amanda ya había marcado su territorio y este chico apestaba a su pis. No pudiste mostrarte tan distendida como otras veces. Es más, estabas fría y distante.

Él pareció adivinar lo que ocurría y empezó a contarte que había estado saliendo con Amanda hacía tiempo. Pero que a él no le gustaba especialmente y casi agradeció el día en que vino a dejarlo, porque de no haber sido así, él mismo hubiese dado el paso:

—Su Paco, imagino, claro... —añadió— ¡Pobre hombre! ¡Menuda cruz le ha caído!

Luego estuvo hablándote de la peculiar forma de ser de tu amiga, pero seguía atufando a la orina de Amanda y su charla no te animó a explayarte.

El verano terminó, y con él toda esperanza de salir con Jero, pero resultó que quedaron siendo íntimos. Se telefoneaban cada semana, se veían, al menos, una vez cada mes. Se contaban sus problemas, sus líos de faldas y pantalones... Y hasta quedaron de verse en Benidorm, cuando tú fuiste a veranear a Alicante con tus primos. Al menos, eso se lo tienes que agradecer a Amanda.

Su Paco tomó distintos derroteros. Y, finalmente, Amanda tuvo que rendirse a los caprichos del destino. Mira que le intentó dar celos con todo elemento que se le pusiera a tiro, pero nada. Paco empezó a salir con Virginia y con Virginia se casaría más tarde.

Uno de tantos fue Alfredo. Alfredo había estado enamorado de ti durante cinco largos años de su vida, pero tú no hacías más que darle ajos. Hasta que un día vino triunfante a decirte que la noche anterior se había "enrollado" con Amanda.

¿Amanda? ¿Amanda con Alfredo? Pero, ¿desde cuándo le gusta Alfredo a Amanda? ¡Jamás! ¡Jamás de los jamases!

No te molestes en explicarlo: Ya sabemos que a ti Alfredo te apetecía lo mismito que tirarte por la terraza de tu casa, pero te fastidió (y de qué manera) que te quitara eso: la importancia de saber que siempre tenías a Alfredo pendiente de ti, bebiendo los vientos por tu ser.

Vamos a obviar esa pobreza de espíritu tuya, porque tú eres la protagonista de esta historia y no podemos echar por tierra tus heroicidades, a pesar de que empieces a tener mucho en común con tu amiga y cada vez menos qué echarle en cara. Ya sé que joroba un poco que ahora "esa fresca" se vaya a pasar los días enteros fanfarroneando sobre lo "volado" que estaba Alfredo por ella. Pero le dio lo mismo, porque Alfredo te pidió salir unas cuatrocientas cincuenta veces más después de su *affaire*.

Parece mentira lo íntimamente ligadas que pueden estar dos personas a pesar de sí mismas. El caso es que aunque a ella se le fuera la vida en el intento de conquistar cualquier tipo que estuviera interesado por ti, todo individuo que le gustase a Amanda terminaba por tirarte los perros, antes o después.

Uno de estos casos fue el de Esteban.

Entonces tú salías con un malagueño que estaba estudiando durante dos años en Madrid: Manuel.

Un día Manuel vino a contarte que su mejor amigo, Esteban, le había confesado estar profundamente enamorado de ti.

Se te ocurrió presentar a Amanda y a Esteban "a ver qué pasaba" y funcionó, porque estuvieron saliendo durante seis meses, hasta que él dejó de llamarla, simplemente, sin darle la menor explicación.

No lo pasó mal del todo esta vez Amanda, ya que rápidamente se hizo con otro "Paco", esta vez Íñigo.

Para mayor satisfacción de Amanda, Íñigo gustaba mucho más a las mujeres que Paco. No es cuestión de falta de personalidad, aunque lo parezca, ni mucho menos. Es solo que Amanda elige sus novios por la demanda que tengan. Siente la imperiosa necesidad de recibir la recompensa por la caza de la presa más codiciada.

Por su parte, tu chico malagueño te las hizo pasar negras y, de vez en cuando, intentabas contarle tus penas a tu amiga:

—¿Sabes lo que me ha hecho esta vez? —le llorabas tú.

—¡Ay, mira! No me hables de ese tipo —te reñía— es que siempre estás con lo mismo. El que sigue, y punto. No tenemos tiempo para perderlo hablando de ese tema.

Sin embargo, tú sabías a qué hora se levantaba Íñigo, lo que desayunaba, cuándo entraba en clase, qué autobús tomaba para volver a casa, por dónde salía, con quién iba...

Claro que tampoco es que Helia resultara de gran ayuda en aquel trance. Te escuchaba, sí, pero después se prestaba a teorizar una de sus grandes tesis:

—Vamos a ver, Paula —se ponía muy seria— tú te has equivocado con este chico. Manuel está fuera de su casa, en la capital, en Madrid. Totalmente libre, alejado de sus padres, de amigos y de cualquier control. Aquí, además, hay mucha fiesta, mucha farra y mucho ambiente, así que el pobre muchacho tiene la oportunidad de vivir una experiencia nueva y lo está haciendo a tope. No se va a comprometer seriamente contigo. Tú tenías que saber esto ya.

Tu Manuel regresó a Málaga y todos fueron a despedirlo.

—¡Ni se te ocurra llorar! —te prohibió Olivia— tú muy digna, como si no te importara que un rayo le parta.

Y, horas más tarde, Amanda vendría a consolarte de un peculiar modo:

—Esas lagrimitas te han quedado monísimas. Pero deja de llorar porque se te está corriendo el rímel y parece que te ha maquillado tu peor enemiga.

Su amigo Esteban te estuvo llamando unos cuantos fines de semana para que fueras con ellos, pero tú te negaste. Estabas deprimidísima.

Finalmente quedaron un día y te lo pasaste bien. A la hora de la despedida, Esteban te besó y tú no lo apartaste precisamente.

Tendrías que contárselo a Amanda. ¡Qué pereza te da! Pero lograste reunir el valor para hacerlo.

—¿Esteban? —preguntó secamente— ¿*Mi* Esteban?

—Sí —confesaste.

—¿Tú y Esteban? —insistió y fue ahí donde temiste haber perdido la chaveta del todo porque comenzaste a escuchar la canción de la escena de la ducha de la banda sonora de Psicosis.

—Sí, Esteban y yo —te envalentonaste.

—¡Solo me faltaría que te liaras con Jerónimo!

¿Pero qué se ha creído esta? ¿En realidad piensa que Jerónimo ha estado enamorado de ella ni por un segundo? ¿Es que esta chica no se cansa nunca de ir marcando el territorio?

Amanda faltó en aquel cumpleaños. Cumplías dieciocho y estaban todas menos ella. Esteban te duró lo mismito que una piruleta en la puerta del colegio. Volvía a apestar a los orines de Amanda y ya no lo soportabas a tu lado.

Mientras tanto, iban los domingos al campo a ver las competiciones de motocrós de Íñigo.

Un día lograron situarse en primera fila tras una niña que llevaba un globo enorme con forma de caballo.

—¡Quita, bonita, que no nos dejas ver! —le ordenó Amanda.

La niña, puede ser que teniendo mala idea o la convicción de que alcanzaban a ver perfectamente, no se movió del sitio. Amanda, ni corta ni perezosa, te quitó el cigarro para hundirlo en el globo y mandarlo a volar con una escandalosa explosión.

—Pero vamos a ver, Amanda... —pedía explicaciones Helia— ¿qué te molestaba el globo de la chiquilla? Si podías verlo tan ricamente.

—Yo a Íñigo sí, pero él a nosotras no.

—Ah, desconocía que viniéramos para que nos viera —razonaba Helia— yo creía que veníamos para verlo a él.

Nunca contaste a Amanda que también te estuvieron tirando los perros su Paco, su Íñigo (meses más tarde de dejarlo) y muchos otros que fueron llegando después. En primer lugar, porque ninguno te tentó lo suficiente, y en segundo, porque no merecía la pena. Tú siempre tuviste claro que había "vestidos" en el armario de una que no se podían tocar. Pero en el caso de Amanda tampoco se podía recoger lo que depositaba en el cubo de la basura o en la beneficencia.

Eso sin contar con que la única que tenía derecho a estrenar era ella. Primero los juguetes, después los trajes de fiesta y finalmente los hombres.

Intentaste comprender la actitud de Amanda. Puede que su comportamiento fuera así debido a un complejo de inferioridad, o a un desesperado intento de reafirmarse como persona. El caso es que ella necesitaba ser la mejor. Siempre. Deseaba ser la preferida de los novios de tus amigas, por eso "tonteaba" con ellos. Anhelaba ser admirada por los amigos de su chico y más de una vez le tocó pasar un mal trago por ser malinterpretada.

En el diccionario de Amanda existen muy pocos vocablos: yo, mi, me y conmigo, y todo lo que vaya detrás o delante es como si fuera humo y carece de la suficiente importancia para perder su precioso tiempo en hablar de ello.

Lo malo es que es una persona que despierta lo peor que hay en ti, te convierte en todo aquello que más detestas. De vez en cuando te sorprendes a ti misma escuchándote quejarte de "todo lo que has hecho por ella o de todo lo que te tiene que agradecer". ¿Pero te estás escuchando sin el menor sonrojo? Si lo que haces, lo haces por esperar agradecimiento, carece del ínfimo valor y lo más importante: si te creíste aquello que decía "de bien nacido es ser agradecido", bájate de la nube, hija, porque lo llevas claro: el mundo está poblado por millones de malnacidos.

Si te encuentras con una Amanda de la vida, no le des más vueltas, líate con su Paco en cuanto puedas e inmediatamente después cuéntaselo a Lola. Es decir, encárgate de que se entere cuanto antes. O si no te resignas a perderla, entonces préstale a tu novio para que lo estrene antes que tú. Te evitarás muchas complicaciones, te lo aseguro.

C, DE CAOS

El amigo de todo el mundo no es un amigo.
ARISTÓTELES

El invierno es el amigo del ruso sí, [...] pero hay que tener un temperamento a toda prueba para resistir esa amistad.
JULIO VERNE

AQUELLA TARDE HACÍA UN CALOR INFERNAL, pero a pesar de todo se volvieron a meter en la disco. Obviamente había muy poca gente, pero una chica bailaba descalza en el centro de la pista *Breakout* de *Swing out sister*. No sabes si es que había poca gente y, por tanto, poco horizonte qué admirar, o si es que les llamó la atención que no llevara calzado o que bailara de maravilla, pero era inevitable quedarse observándola. Era la libertad personificada. Se le veía tan segura, tan feliz, ¡tan llena de vida!

Cuando la barra de Manhattan lucía abarrotada de clientela sedienta, llegaron Roberto y sus amigos. Roberto era el novio de Patricia y una chica del grupo de la bailarina de los pies desnudos se puso a charlar con él. Olivia intentó leer en los labios pero no logró entender palabra. Y Patricia se quedó muy disgustada intentando imaginar qué tenían que contarse aquellos dos.

Un rato después, coincidieron en el aseo con la danzarina descalza. Se acercó directamente a Patricia:

—¿Eres Patricia? ¿La chica de Robert?

—Sí —mostró cierto recelo.

—Te gustará mucho saber que una conocida mía le ha pedido salir, pero él ha dicho que estaba loco por ti —se empolvó la nariz frente al espejo y miró la imagen reflejada de tu amiga— A mí me gustaría mucho que me contaran algo así.

—Pues, la verdad, es que te lo agradezco —sonrió Patricia mucho más reconfortada— ¿Cómo te llamas?

—Carolina —les dirigió un rápido vistazo a las demás. Pero como si los nombres no tuvieran la menor importancia para ella, inmediatamente después, los invitó—. ¿Nos vamos a bailar?

Y así fue. Después de pasar una tarde entera bailando con ella se hicieron inseparables. También ayudó mucho que Carolina fuera a su misma clase una vez que comenzó el nuevo curso.

Según Carolina había sido una niña gorda. "Una triste niña gorda" que se había empeñado en pasar inadvertida ante el resto de la humanidad.

—Cometí el peor de los errores —relataba— Era la peor de la clase de gimnasia. Sufría lo indecible sudando como un puerco y siempre llegaba al último a todas partes. Un día hasta partí la barra de las espalderas con mi peso y me pegué un costalazo. Todo esto era ya suficiente para que mis compañeras se rieran de mí, pero no, yo tuve que estropearlo aún más. Una mañana fui incapaz de saltar el caballo. Sor Águeda me dijo que o saltaba el caballo, o me ponía a hacer abdominales. Más me hubiera valido estamparme contra el dichoso potro y haberme roto todos los dientes, pero decidí hacer las jodidas abdominales —Carolina las miraba para comprobar su grado de atención, mojaba sus labios en la Coca-Cola y volvía a relatar—. Entonces empecé a contar abdominales... uno... dos... diecisiete... noventa y cinco...

—¿Y? —Amanda se impacientaba.

—Prrrrrrrrrrrrrrrrrr, cuando más silencioso estaba el gimnasio, me tiré un pedo interminable —se sonrojó al recordarlo— No pude evitarlo, claro. Fue del mismo esfuerzo.

Todas se rieron, lógicamente. ¿Qué otra cosa iban a hacer? Pero Carolina les perdonó la vida con su mirada, y volviendo a tomar otro trago le señaló con el dedo índice:

—Exactamente eso hicieron todas mis "amiguis". Desde aquel maldito día fui la peor de las escorias —tras la pausa, reinició su relato— Cada vez que me preguntaban en clase, todas se ponían a reír. Ya no hacía falta ni hablar, solo bastaba entrar por la puerta. Por supuesto la basca pasaba de mí. Nadie fue mi amiga, y nadie me invitó nunca a su cumple. Así que me hice invisible. Es lo mejor que puedes hacer en estos casos. Parece mentira lo invisible que puede llegar a ser una persona, por grandota que sea.

Todas se quedaron observándola pensativas. Lo que parecía imposible era que Carolina hubiera sido alguna vez una chica gorda. Hubieran jurado que estaba anoréxica. Casi esquelética. Aunque fuera una delgadez agraciada y estilosa, tipo Audrey Hepburn.

—¿Y cuándo llegó el cambio? —preguntó Marta tras explotar una pompa con su chicle.

—Un día... no sé cuál, ni por qué —Carolina dio una palmada al aire— Pero me miré en el espejo y me dije "nena, no vas a estar toda la vida escondiéndote. Porque, como sigas así, nadie hablará de ti en tu funeral". Así que me puse a dieta, me obligué a hacer abdominales, ya estaba acostumbrada, no tengo que explicarles. Pensé en cambiar de colegio, y hoy soy una nueva Carolina.

Carolina siempre tenía mucho más dinero que ustedes. Uno de los principales motivos es que era hija de padres separados y cada uno de ellos intentaba ganársela aumentando la paga que le diera el otro y, otra razón, era porque daba clases de inglés a niños. A veces les daban ganas de apuntarse a ese cursillo, porque los niños iban encantados. Se pasaban la clase entera jugando, en inglés, eso sí, pero jugando. Y riendo. ¡Cómo reían!

Como era muy impuntual, siempre iban todas a su casa a buscarla. Su madre trabajaba hasta tarde. La mayoría de los días estaba sola, y eso era un lujo que toda adolescente busca y que no suele encontrar con mucha frecuencia: la intimidad.

Su cuarto era enorme y tenía un espejo rodeado de bombillitas, como los de los camerinos de las actrices. Y un armario-vestidor en el que podían esconderse todas. Además, tenía montones de ropa que ¡todavía conservaban la etiqueta! Era tan desastrosa que ni se acordaba de lo que se había comprado.

Carolina lo prestaba todo, no le daba el menor apuro regalarte cualquier cosa. No tenía el menor apego ni por la vestimenta, ni por los perfumes, ni por el maquillaje... Para ser francas, tampoco estaban muy seguras de que tuviera el menor apego por su vida.

Allí estaban en su cuarto, cuando corrió a buscarlas:

—Vengan, miren lo que les he enseñado a los nenes.

Los nenes, con los ojos muy abiertos observando a las directrices, siguieron las indicaciones de la "directora del coro", tomaron aire y se pusieron a entonar a James Taylor forzando sus gargantitas:

—*Come on, children! Sing the song! One..., two..., three...*

In my mind I'm goin' to Carolina
Can't you see the sunshine?
Can't you just feel the moonshine?
Ain't it just like a friend of mine
It hit me from behind
Yes I'm goin' to Carolina in my mind[2]

Y a ti te hizo gracia. Mientras observabas, a cámara lenta, cómo danzaba con los pies descalzos deslizando sus brazos por el aire, pensaste que eso era exactamente Carolina: una tierra. La patria, el pueblo de uno, su casa. Sentir el calor de los rayos de sol, a pesar de la lluvia y beberse a sorbos la luz de la luna... y viajar a ella eternamente en sueños.

Todo en Carolina era muy especial. Tenía un cachorro patizambo que siempre se postraba aburrido a su lado, al que no le había enseñado ni a dar la patita, ni a hacerse el muerto, ni a pedir comida de pie... No, ella había adiestrado a Napoleón para que aullara a la luna llena.

Según ella se solía "amariconar" a los animales domésticos con demasiada frecuencia, había que enseñarles que son hijos de quienes son, las fieras, y que pertenecen a la vida salvaje. Que son libres. Tan libres, tan libres que el perrito dormía en su cama con ella, comía sentado a la mesa y, la verdad, hacía lo que le daba la real gana. Como, entre otras cosas, lamer su cara después de haberlas embadurnado de cremas o colorete. Un día llegaste a advertir una garrapata adherida a tu rodilla.

---

2 Venga, niños, canten la canción, una... dos... tres... En mis pensamientos (mente) voy a Carolina. ¿No puedes ver el sol? ¿No puedes sentir la luz de la luna? No es como uno de mis amigos y me golpea por la espalda. Sí, yo voy a Carolina en mi mente.

Carolina tenía miles de amigos. No solo estaban ustedes. Siempre tenía tres o cuatro planes distintos para cada sábado y siempre iba al que más le apetecía.

Tenía amigos muy *snob*, amigos *hippies*, amigos "arrastraos", amigos muy elegantes... Había para todo tipo de gustos.

Tú comprobaste que eras una de las predilectas de Carolina, ya que a ti te llevaba con todos ellos, no tenía el menor inconveniente en mezclarte con cualquier tipo de fauna con la que se relacionara. Sin embargo, a Patricia y a Marta las llevaba solo con los pijos, a Yolanda con los bohemios, a Helia con los aburridos, a Amanda con los *fashion* y a Olivia con los notarios.

Recuerdas, en especial, una tarde en la que habías quedado con ella. Tú habías llegado en metro y ella lo hacía en autobús. Dos chicos en patines se habían agarrado al vehículo para dejarse arrastrar por él. Aquel *show* era digno solo de ella. Al final resultaron ser los amigos que te iba a presentar en aquella cita.

No importaba cual fuera el sitio al que fueran, siempre se encontraban con uno de los colegas de Carol.

Como aquel día en el parque de atracciones. Decidisteis visitar el Viejo Caserón. Era la atracción de moda. Todo el mundo comentaba lo innovador de no tener que montarte en un trenecito como en el túnel fantasma, sino entrar y salir caminando por tu propio pie y el que los monstruos no fueran muñecos desfigurados, sino actores y actrices de carne y hueso.

Todas entraron abrazadas unas a otras y muertas de miedo. El primero en recibirlas fue un fraile que les habló del peligro que corrían si despertaban a su amo. Inés le suplicó que no lo despertara, que por ustedes no lo molestase, que el pobre estaría muerto de cansancio. "Exacto", dijo el muchacho con una sonrisa estremecedora, "muerto".

Seguidamente la momia les dio un susto de muerte, cuando después de abrir su sarcófago salió chillando tras ustedes. Chillaron como posesas y como se despistaron unas de otras, Lola acabó agarrada al brazo de una calavera desconocida que aulló, más que del terror, del pellizco apasionado de tu amiga.

Las hicieron entrar en una pequeña habitación donde la niña del exorcista gemía en una cama que se movía sin cesar.

Todas pegaron su espalda a la pared, pero Carolina se acercó al lecho asomando su respingona nariz sobre el rostro de la niña:

—¡Sol, amiga! —se asombró— ¿Eres tú?

—¡Calla, tonta! —le dijo la "niña" en un susurro.

Aquel encuentro rompió la magia del momento, obviamente. Y la cosa empeoró notablemente cuando la niña recobró la verticalidad de un salto para espantarlas:

—Tranquila, mensa, ¡que se te ven los chones, mujer! —le reprendió Carolina.

Carolina hacía fiestas en casa cuando su madre se marchaba fuera el fin de semana. Aquel se le fue un poco de las manos, la verdad.

Como era de esperar invitó a sus cien pandas diferentes, que a su vez, invitaron a sus correspondientes cien conocidos de los cien coleguillas... Vamos, que ni en el último concierto de The Police en Las Vegas viste tanto gentío. Allí conociste a Víctor: en el "jardín". Apenas se podía respirar. Todos fumaban como carreteros, así que de vez en cuando tenías que irte al balcón, que apenas tenía dos metros cuadrados, pero allí estaban tomando el fresco quince personas al mismo tiempo.

—¿Vienes mucho por aquí? —bromeó él.

—Cuando puedo —seguiste la broma— Es que a veces "el jardín" tiene lleno completo.

—Eso porque no te has pasado por el restaurante —y señaló en dirección a la cocina— Creo que las reservas están todas confirmadas hasta el 2503.

Una chica (que después conocerías por Yolanda y que estaba borracha como una cuba) te empujó y te abalanzaste sobre él:

—Perdona —te sonrojaste— te he pisado el pie.

—Ha sido un placer, señorita, aún me queda otro.

—Creo que... voy al tocador —intentaste escapar, más que nada para comprobar si aún estabas presentable y el maquillaje seguía en su sitio.

—Vale. ¿Quedamos aquí dentro de cinco minutos? —sonrió.

—OK, aquí estaré, si no me pierdo.

Fuiste al cuarto de baño, pero los cinco minutos los tuviste que esperar en la puerta. Luego intentaste avanzar por el pasillo pero había un montón de gente, ¡bailando sevillanas!

Fue entonces cuando una voz sonó desde el piso de abajo:

—¡Mocosa cabrona... la lámpara! —parece que no estaba de muy buen humor— ¡Que se me cae la lámpara encima!

A los diez minutos escasos la policía llamó a la puerta.

—¿Que quien es el dueño de esto? —chilló el chico que abrió la puerta.

Todos empezaron a correr la voz hasta que llegó a oídos de la anfitriona.

—Hoooola, bueeeenas nooooches —Carolina se las ingeniaba de maravilla para sonar lo más natural hasta en las peores condiciones.

—Mira, guapa, que los vecinos nos han llamado... si pudierais bajar la música y bailar un poquito más despacio — le explicó el joven intentando resultar convincente.

—Vale, yo me encargo —le respondió ella sonriente— ¿Quieres una copita?

—No, no —contestó él— que estoy de servicio, muchas gracias.

Carolina bajó el volumen de la música, rodeó sus labios con una revista enrollada y pregonó a los cuatro vientos:

—¡Que esto se pone feo! ¡Que viene la pasma! Que el que no quiera problemas que se pire, que seguimos la juerga en Manhattan.

Como nadie le hizo ni madres de caso, ella cogió su bolso y su abrigo y les dijo:

—Yo me largo, ¿se vienen? —y desapareció tras la puerta.

Todas tus amigas se fueron tras ella, pero Víctor tomó tu mano:

—Me has dado plantón, me he quedado esperando como un tonto en "el jardín".

— Es... que... ha venido la poli y... —no sabías qué hacer, si salir corriendo tras tus amigas o volver de nuevo al balcón. Pero los de las sevillanas ahora bailaban *rock* en el salón y los del "jardín" estaban lanzando huevos rellenos a la calle— ¡Nos vemos en Manhattan!

Se la pasaron genial, pero no puedes comprender cómo Carolina estaba tan fresca con toda aquella gente metida en su casa.

Cuando regresaron a las diez de la mañana, aún había ocho desconocidos esparcidos por el suelo durmiendo la siesta y cinco más bailaban "Paquito chocolatero". Entraste al baño y la chica que te había empujado al balcón yacía en la bañera. Carolina se metió en su cuarto, tan contenta.

Y lo que de verdad no logras explicarte es cómo acabó sana y salva aquella noche. Ya que salía con seis chicos al mismo tiempo y ¡todos ellos coincidieron en la fiesta! Suerte que no se conocían.

—Vamos a ver, Carola —se interesó Helia— ¿Con cuántos chicos estás saliendo? Lo pregunto porque, por lo menos, cuatro se me han presentado como "el novio de Carolina".

Se pasó corriendo de un lado a otro de Madrid, durante unos cuantos meses porque había quedado con uno para el aperitivo, con otro para comer, con otro para el café, con otro para ir al cine y con otro para cenar. A los más aburridos solía dejarlos para los días de diario, a los "enfiestados" para los viernes y sábados y a los "guapos" simplemente, para los domingos.

Pero de aquella noche tú sacaste algo en claro: Víctor. O Pipo, así lo llamaban todos.

Pipo era un encanto. Tenía sentido del humor y era bastante guapo. Lo malo de Pipo es que era celoso. Le molestaba que te pusieras minifalda, que llevaras biquini en lugar de traje de baño completo, que fueras demasiado escotada, que vistieras modelitos demasiado ceñidos...

Tal vez no hubiera sido tan suspicaz si Carolina no hubiese sido tu amiga. Pero cualquier persona que la conociera, medianamente, sabía que era un verdadero peligro tener una novia que no se separa de Carol.

Carolina llegó un día con la feliz noticia de que se había comprado una Vespino de segunda mano.

—Anda vente, tonta —trató de convencerte— ¡Que tengo el tanque llenito!

—No, no, es que tengo un examen de biología y le he dicho a Pipo que no salía con él porque tenía que estudiar —te excusaste inútilmente.

—Desde luego. ¡Qué excusa tan mala! —volvía a insistir— ¿Y cómo se va a enterar? A ver, ¿se lo vas a decir tú?, ¿o yo? ¿Es que ves a Lola en mi moto?

Lo tenía todo pensado. Irían a Vallecas. Pipo era demasiado fino para tomar el aperitivo en un bar de Vallecas.

Y allí estaban, al cabo de tres cuartos de hora (aclaremos que ella vive a menos de diez minutos, en Conde de Casal, pero recuerda que tenías que bajarte en cada cuesta arriba y empujar la moto mientras Carol daba pedales).

El poder de seducción de Carolina hizo que en cuanto tomaste asiento estuviste rodeadas de hombres por los cuatro costados, cuyas gracias te hacían reír con hilaridad.

Hasta que...

—¡Dios mío! —bajaste el torso— ¿No es ese el topo?

El "Topo" era un amigo de Pipo, y hasta este día no sabes por qué lo llamaban así, aunque ahora te haces una ligera idea.

—¿Cómo va a ser el "Topo", idiota? —te tranquilizó ella— Anda, bebe, que es gratis.

La escena final llegó a la tarde, en las escaleras del portal de tu casa, cuando Pipo te echaba una bronca de aquellas y Carolina lloraba al más puro estilo de Sarah Bernhardt, suplicando su perdón:

—De verdad que no ha sido ella, ¡te lo juro! Que no quería salir. He sido yo que la he liado.

Más tarde llegarían a Madrid aquellos amigos italianos que se había ligado en Calella de Palafrugell, donde veraneaba. Se empeñaron en saltarse la valla de la piscina de un chalé y bañarse en pelotas.

—¿Es que ves a Lola por aquí? ¿Tú crees que pueda aparecer el "Topo"?

No fue el "Topo", no. ¡Fue el hermano de Víctor y su novia! Y, aunque ellos jamás dirían nada (sobre todo porque estaban tan desnudos como tú) tú se lo contaste a tu chico en un alarde de sinceridad.

Como era de esperar, Pipo "pasó a mejor vida". Es decir, a dejarte y a ponerse a salir con otra a los poquitos meses.

Y tú seguiste jugando el juego de Carolina, sin el menor apego por tu vida: haciendo *auto-stop* para salir a sitios lejanos de copas. Corriendo a las tantas de la mañana ante unos acosadores con los que habían estado equívocamente simpáticas. Llegando tardísimo a las citas o no llegando. Saliendo con dos o tres chicos al mismo tiempo. Montando atrás en su vespino y teniendo que bajarte en las cuestas para empujarla, y hasta tener que negarte a hacer un *Menage a trois* con su último ligue:

—Vamos, mujer. ¿Tú sabes lo que nos podemos reír las dos juntas con este pavo? ¡Que no es el "Topo", tonta!, y no he invitado a Lola a la cama redonda...

En fin, Carolina no es tierra de nadie, ni calor de hogar, el sol te abrasa y la luna solo sirve para que su perro no te deje pegar ojo en toda la noche (por pegar algo, si acaso él, una garrapata en tu pellejo).

Carolina es estupenda para quedar con ella una vez al mes, o dos, a lo más. Vivir tan aprisa tiene sus peligros. Vamos, que como dice tu abuela: “Es mejor perder un minuto en la vida, que la vida en un minuto”.

G, DE GUERRA

Las batallas contra las mujeres son
las únicas que se ganan huyendo.
NAPOLEÓN BONAPARTE

Para hacer la paz se necesitan por lo menos dos,
mas para hacer la guerra basta uno solo.
ARTHUR NEVILLE CHAMBERLAIN

Candela, que no es otra que Gabriela, es una "mala compañía", según tu madre.

—Bueno, pues Carmela, o como se llame, me da igual. El caso es que dime con quien andas y te diré quién eres —eso dice.

Pero a ti te parece divertida. La verdad es que si no fuera por las cosas que se le ocurren, la vida te resultaría monótona y aburrida.

Aún recuerdas el día que se le ocurrió venir al colegio con un paquete de "Coronas". Se fueron a los baños y después de fumarse un cigarrito, tiraron la colilla en la papelera. Las obligó a fumar a todas y les dio una tos espantosa. Patty se puso a vomitar.

Al cabo de unos minutos saltó la alarma de incendios en el colegio. La directora estuvo haciendo sus investigaciones hasta que preguntó a la persona adecuada: Lola.

Lola cantó *La Traviata*. Explicó, con todo lujo de detalles, cómo Gaby había robado, del bolso de su madre, el paquete de tabaco. Le detalló la marca, el color de la boquilla, el sabor, quienes habían fumado y hasta que Patty echó las tripas.

Todas se quedaron sin salir de casa durante un mes entero, sin ver tele, y con las faltas correspondientes por mala conducta en los expedientes académicos.

Otro día Gabriela vino con la genial idea de hacer "novillos".

"Novillos" era irse al parque del retiro a alquilar una lancha mientras tocaba clase de matemáticas.

Alquilaron tres lanchas: en una de ellas iban Amanda y tú. En la segunda Carolina, Martita y Helia. En la tercera Patricia y Gabriela (por supuesto, obviaron invitar a Lola).

Desconoces el motivo por el cual a Carolina se le ocurrió cambiarse de barca, pero el caso es que, en el momento de ir a pasar de una barca a otra, estas comenzaron a separarse lentamente.

Carolina se quedó con las piernas abiertas de par en par y con el pie derecho metido en un bote y el izquierdo en el otro, hasta que ¡zas! El lago se la tragó por completo (mochila y abrigo incluidos).

Gaby, no sabes si por creerse responsable o porque era la verdadera heroína del grupo, se lanzó al agua para salvar a Carolina. El caso es que las dos llegaron empapadas a casa. De nuevo las llamadas telefónicas entre las madres y una vez más pasó el correspondiente mes de castigo sin salir y sin tele.

Gaby, desde luego, no era una chismosa. Antes hubiera muerto que delatar a nadie.

El día que a Amanda se le escapó una carcajada en mitad de la clase de lengua, la señorita Olvido miró a Gabriela. Había apoyado su codo sobre el pupitre y, con su mano, tapaba la boca.

La señorita la expulsó de clase ya que la postura de la susodicha elementa era la mar de sospechosa.

—Yo no he sido —avisó ella.

—¿Ah no? —ironizó la profesora— ¿Entonces quién? ¿Quién va a ser sino tú? ¡La misma de siempre!

—Yo-no-he-sido —desafió en tono amenazador.

Lo malo es que le ordenó irse al patio y estaba nevando.

Se pasaron la clase entera mirando por la ventana. Gabriela llevaba su falda escocesa del uniforme muy corta y, justo bajo las rodillas, las medias azul marino. El cabello lacio yacía sobre sus hombros completamente empapado. La imagen era desoladora, aunque la mueca de su cara les recordaba mucho a la de Robert Mitchum en el *Cabo del Miedo*.

Gabriela pescó una severa neumonía y tuvo que guardar cama durante casi veinte días. Pero, al regresar al colegio, no guardaba rencor alguno a Amanda. Sin embargo sí se le ocurrió pasar por casa de la señorita Olvido.

Las retó a que todas hicieran pipí en la misma puerta. Gaby se esforzó un poco más y decoró, con una enorme caca, el felpudo sobre el que rezaba la palabra: "Bienvenidos".

En la puerta, con pintura roja en espray de los que se utilizan para hacer grafiti, se mostraba la chorreante y sangrienta sentencia: "Olvido, no te olvido".

Por supuesto, la señorita Olvido no pudo ni imaginarse que habían sido ustedes, pero sospechas que tuvo sus razonables dudas al toparse por los pasillos con la escalofriante sonrisa de Gabriela.

En el bachillerato, Gabriela continuó haciendo de las suyas: robando exámenes de la sala de profesores. Fumando en los servicios. Escondiendo cervezas en el pupitre. Ocultándose en la última fila de la clase de religión para echar un vistazo al *Kama Sutra*. Peleándose con todos los chicos (les atizaba de lo lindo por cualquier bobada). Recogiendo firmas para que echaran a la profesora de griego, al de latín, a la de historia, para que cerraran las bases militares, para que nos sacaran de la OTAN, para que no edificaran frente al parque... Nunca estaba conforme con nada. Y, lo peor, es que a ustedes las tenía recogiendo firmas y con el puño el alto todo el santo día.

Fue capaz de saltar la valla del centro para prender fuego al chaquetón de piel de la directora. Podría haber sido cualquiera, eso es verdad, pero el pequeño detalle que la señaló como culpable fue que en gimnasia, bajo el uniforme reglamentario, solía llevar una camiseta donde había el dibujo un cachorro de zorro que lloraba preguntando: "¿Te gustaría ponerte un abrigo con la piel de tu madre?".

Ni tan siquiera el mes de expulsión y la multa fueron comparables al suplicio que el pobre Abelito padecía a causa de estar en guerra con ella.

Abel era pequeño. Tenía su misma edad pero apenas alcanzaba el metro y medio de altura. Por otra parte, su madre debía tener muy mala leche ya que Abel generalmente vestía con una polo bajo una chambrita tejida a mano, unos pantalones cortos (que a veces sustituía por unos bombachos a cuadros escoceses) y unos jorgitos azul marino que mostraban unos calcetines de ganchillo blancos. Casi daba gusto verle vestido con el uniforme (aunque continuara diferenciándose del resto porque era el único que llevaba los pantalones cortos). Todo eso, mas las gafitas de pasta amarilla y culo de vaso, ajustadas a la sesera con una goma azul y la mochila con telarañas serigrafiados, le hacían ser el blanco de todas las novatadas, risas o bromas pesadas.

Abel era un fenómeno. Sacaba matrícula de honor en todo, exceptuando gimnasia. Nada de esto hubiera sido impedimento para que Gabriela lo aceptara en su grupo, pero un día cometió el peor de los errores.

Estudiaban a Carlos Marx y su teoría sobre el capital, y tuvieron que hacer un trabajo con un comentario de texto.

Abel se enroló en la peligrosa hazaña de catalogar a Marx como a un soñador ingenuo y a su teoría como a una utopía, ya no solo imposible de realizar, sino perjudicial para la economía de cualquier país.

—Como podemos leer en su siguiente texto —razonaba impecablemente Abelito— es nocivo para una nación afirmar que hay enajenación en el trabajo. Que el trabajo es externo al trabajador, que no pertenece a su ser. Que en el trabajo un obrero no se afirma, sino que se niega, que no se siente feliz, sino desgraciado y que no desarrolla una libre energía física y espiritual, sino que mortifica su cuerpo y arruina su espíritu. Desde el punto de vista sociológico y filosófico o, si se prefiere, político, se debiera alentar a los profesionales a trabajar de buena gana en aquello en lo que les plazca, y en desarrollar ideas y medidas para ayudarlos a que puedan trabajar libremente por cuenta ajena, o a que puedan disponer de un negocio propio porque, de hecho, son ellos los que sostienen la economía de su patria.

—¡Patria! —escupía Gabriela mientras escuchaban la lectura— ¡Una grande y libre... Patria! Madre mía, lo que hay que oír...

—Esto, mas avivar el odio entre clases sociales, resulta igualmente inicuo y arriesgado —continuaba Abel— ya que la clase obrera, para trabajar, necesita que los capitalistas inviertan en negocios y puestos de trabajo. Es una medida poco, o nada, equitativa la de abolir la propiedad de los medios de producción y sustituirla por el trabajo social. Quizá él pensara que de este modo se evitaría el poder en manos de un sector que determinara la explotación de otro, ya que hay que tener en cuenta la situación histórica que entonces lo rodeaba. Pero a mí más bien me parece que el poder político iba a tener que hostigarnos con impuestos, ya que nada se sostendría económicamente por sí mismo.

Aquel trabajo le valió una nueva matrícula de honor pero, muy a su pesar, también la incondicional enemistad de Gaby.

Gabriela se pasaba las clases enteras agujereando el privilegiado cráneo de Abelito, ayudada de una cervatana que torpedeaba granos de arroz. Escribía notas con letras de periódico y las metía en la cartera de Abel: "abÉL, malDITO cReTino, MORirAs cOMo el sEr inSIGNificANTe que ERes".

Clavaba tachuelas en su pupitre, o sacudía el polvo del borrador y, a cada paso, una vocecita pedía auxilio desde algún salón vacío: Gabriela había colgado de nuevo a Abelito de algún perchero.

Tú tuviste algo que ver en el futuro de Abel. Se le daba tan bien todo, que no sabía qué carrera elegir. Le sugeriste que estudiara algo realmente difícil como ingeniería aeronáutica o medicina. Abel se decantó por la última.

Gabriela tenía una teoría infalible: la fuerza de la mujer reside en sus lágrimas. Cuanta más capacidad tenga para lloriquear compulsivamente, más facilidad va a tener para conseguir todo cuanto se proponga. Así que, frecuentemente, cuando alguna tenía un problema gordo, ella le recetaba su remedio: "Tú lo que necesitas es llorar".

Entonces invitaba a la sufridora del momento a su casa y ponía en la video BETA su película favorita: *Los Girasoles* de Sofía Loren y Marcello Mastroniani. Todas pasaron por aquello.

Resultaba que cuando había una escena donde tú te reías a carcajada limpia, ella sacaba el pañuelo dispuesta a dejar correr un grifo de lágrimas:

—¡Pobrecillos, qué contentos están, no saben lo que les espera! Ya verás, ya verás lo que viene ahora...

No lograste averiguar si esto las reforzaba pero, desde luego, ella se lo pasaba bomba gimoteando sin tregua.

Gabriela tenía una hermana mayor, con la que se llevaba más de diez años. Apenas tenían trato con ella, en primer lugar, por la diferencia de edad y, en segundo, porque a ella le parecían unas pequeñas delincuentes dignas de la mayor de las indiferencias. Eva, que así se llamaba, había sido, por añadidura, la hija ideal. Buenísima. Obedecía en todo a sus padres. Si estos le ordenaban llegar a casa a las nueve, ella llegaba media hora antes. De hecho, el mismo día antes de casarse se presentó en casa a las nueve en punto.

Gaby decía que lo de tener una hermana tan buena era una lata, porque no solo no le había abierto ninguna puerta, sino que, desgraciadamente, se las había cerrado todas. No hacía más que escuchar el viejo cuento: "Yo no sé lo que habré hecho mal contigo, hija, mira tu hermana, un sol. Las dos educadas de idéntica manera y ¡qué distintas!".

Así que Gaby llevaba el horario de recogida a casa por "la hora de Canarias", como decía ella. La verdad es que era un fastidio, a veces la pobre muchacha tenía que salir del cine, corriendo a todo gas, con la película a medias.

Hasta que un día decidió "ganarse a pulso" un horario de salidas, normal y corriente "como el de todo el mundo".

El sistema era el siguiente:

1. Sus papás le mandaban llegar a casa a las nueve.
2. Ella llegaba a las nueve y media.
3. Ellos la castigaban un mes entero sin salir.
4. El primer día que le permitían salir de nuevo, le aconsejaban no retrasarse más de las nueve en punto.
5. Y ella volvía a llegar a las nueve y media.
6. Ellos volvían a castigarla otro mes.

Y así sucesivamente hasta el infinito.

A veces ocurría que la estaban pasando genial y los treinta días de penalización habían merecido el sacrificio. Pero en otras ocasiones la tarde había resultado ser tan aburrida que todas se marchaban a las ocho.

—Paula, anda —te suplicaba— ¡Quédate un ratito más conmigo! Que tengo que llegar a las nueve y media...

—¡Pero Gaby! —lamentabas tú— ¡mujer, vete a casa y así no te castigan!

—¡Ni hablar! —ponía mueca de orgullosa soberbia— ¡No se vayan a creer estos que he claudicado!

Así que se quedaba tiritando en el banco de enfrente de su portal, esperando a que llegara la hora peninsular.

El caso es que, poco a poco, fue consiguiéndolo, con mucha constancia y tesón. Tú lo que crees es que, al final, sus padres ya se hacían los olvidadizos sobre la hora. O se hacían los tontos y no miraban el reloj cuando regresaba, por la pereza que les daba montar el viejo número de siempre.

Aún hoy te ríes cuando recuerdas a su padre en los últimos años:

—Pero, hijas, ¿me pueden explicar qué hacen hasta las cuatro de la mañana?

—Papá —se quejaba ella— ¡yo soy la única que vuelve a las cuatro! Las demás no tienen hora de entrada.

—Pero, —se volvía loco— ¡es que yo no lo entiendo! ¿Qué puede haber a las cuatro de la mañana?

—La verdad es que nada —tratabas de echarle una mano a tu amiga— el ambiente en las discos empieza a eso de las cinco o cinco y media.

—Pues, me lo pones mejor —parecía haber hallado la solución— se van a la cama prontito, se despiertan a las cuatro y media, se arreglan y luego se van a la discoteca.

—Por lo menos déjela hasta las siete —apoyaba Yolanda— Fíjese usted si eso es pronto, ¿qué hay más pronto que las siete de la mañana?

En el viaje de fin de curso a Mallorca, Gabriela se enrolló con un compañero de clase: Josemi. Estaban encantadas porque Gaby recuperó la paz perdida y la estabilidad emocional. Hasta Abel halló la felicidad más sublime.

Y cuando todo iba de maravilla y tenían que volver, al muy incauto se le ocurre confesar que tiene novia en

Madrid, Inés. Gabriela se pasó la última noche sollozando amargamente en la habitación. No recordabas haberla visto llorar tanto desde el primer día de guardería "*No mi buta nara eto*".

Todas se quedaron junto a ella. Tú tomaste su mano.

—¡Olvidalo!, ¡que se vaya a la fregada! y vamos a quemar la noche, que es la última —aconsejó Amanda, en su línea— mi ligue tiene amigos que están cañones.

—¡Vete, anda, vete! —Gabriela echó chispas por los ojos— ¡Vete tranquila, mala onda, no te preocupes por mí!

—Vamos a ver, Gaby, esto estaba previsto —argumentó Helia— tienes diecisiete años. ¿No creerías que te ibas a casar con este tío y que ibas a ser la madre de sus hijos? Lo que tienes que pensar es que fue bonito mientras duró y ya está.

—¡Ni fue bonito, ni duró! —gritó ella.

Todas hicieron señas a Helia para que callara de una vez, mientras escuchaban a Gabriela desempeñar el papel más desgarrador de Scarlett O'Hara:

—No puedo perderlo, no. Mañana pensaré qué hacer —se sonó enérgicamente— Hoy lloro, pero mañana pensaré.

Durante el vuelo de regreso a Madrid, Gaby no pronunció palabra. Debía estar pensando. Pronto se enterarán de qué. Después de tragarse una vez más *Los Girasoles* con el paquete de clínex sobre la mesa de su comedor, tenía muchos planes. Uno de ellos era hacerle imposible la existencia al pobre hombre. Josemi tenía que reconocer que su vida era una completa mierda si Gabriela no estaba dentro de ella.

Al principio, lo tienes que reconocer, fue recreativo. Pero después se vieron involucradas en un incesante ir y venir de venganzas indiscriminadas que no las condujo a ningún puerto.

Lo primero que hicieron fue ponchar las cuatro ruedas del coche de Josemi. De este modo, no podría acudir a la primera cita con su chica después del viaje.

Lo segundo fue esconderse en el portal de su casa, esperando a que bajara para salir. Como durante los primeros fines de semana aún no tenía coche, tenía que coger el autobús pero siempre, en el instante en que éste llegaba, alguna de ustedes lo llamaba para pedirle un cigarro, preguntarle la hora, hacerle una consulta sobre el día del examen de historia... El resultado era que siempre llegaba tarde porque nunca atrapaba el primer autocar. Y era el "14", que ya lo decía tu abuela: "Niña, ¡eres más pesada que el 14!".

Lo tercero fue robarle los deberes de la mochila durante los recreos. Así que el pobre nunca los llevaba hechos. Eso, al principio, luego Carolina acostumbraba a quitarle el lunch y Marta decidió que no necesitaba el dinero para nada.

Una mañana, durante la clase de gimnasia, Gabriela fue a los *lockers* para descoser el pantalón de Josemi.

Cuando él se cambió a toda prisa no se paró a mirar su culo, pero en cuanto subió a la clase todos empezaron a reír. El pobre muchacho pegó su trasero a la pared en cuanto se percató de lo que hacía tanta gracia y se pasó el día entero arrastrando su espalda contra los muros y pidiendo aguja e hilo, rojo como un tomate.

Por supuesto Gabriela, muy caritativa, se prestó a ayudarlo:

—Voy a pedir una grapadora —posó su mano amiga en el hombro del muchacho— ya verás qué bien queda.

Al cabo de diez minutos llegó con la grapadora y le dijo:

—Ahora vas a tener que ir al servicio de las chicas y darme los pantalones, mientras te los engrapo.

Jamás se le ocurriría pensar que todas las puertas de los aseos habían sido arrancadas y que no hallaría rincón alguno tras el que pudier ocultarse (Gabriela se había encargado de ello previamente).

—Bueno, tranquilo —le dijo Gaby— total, estás en boxer, no te voy a ver nada que no quieras... Además, después de lo que ha habido entre nosotros, ya hay confianza, ¿no?

El chico se estiró tanto de la camisa que parecía que quisiera llegar a ocultar sus rodillas. Gabriela sonrió y se puso a grapar los pantalones a conciencia.

De repente un destello le cegó los ojos.

Al día siguiente el tablón de anuncios del colegio acaparaba la atención de miles de alumnos expectantes: la imagen del pobre Josemi en "mini", con gesto apurado y los ojos apretadamente cerrados en el aseo de las chicas.

Como Josemi seguía sin darse cuenta de que su vida no tenía sentido sin Gabriela, un día lo perseguieron para averiguar adónde salía con su chica.

El siguiente paso fue hacerse amiguitas de Inés.

Inés era tan "virginal" como la Inés de Don Juan. Tan buena, tan paciente, tan benevolente...

Resultó un rollo para que Inés llegara tarde siempre a las citas con Josemi o que, muchas veces, ni llegara.

Gabriela se mostraba insultante de felicidad cada vez que la escuchaba entonar en cualquier cabina telefónica:

—Hoy no puedo ir... es que Amanda está muy deprimida. Ya... pero es que ha discutido con Íñigo, me necesita...

Después vino lo de buscar amigos guapos que tiraran los perros a Inés.

Inés era dura de pelar. O, bueno, tal vez es que era un poco sonsa. El caso es que a pesar de recibir miles de llamadas de chicos impresionantes constantemente y de no haber sido en su vida más piropeada, ella seguía con su Josemi entre ceja y ceja.

Por tanto, tuvieron que "manipular" la cándida mente de la pobre Inés sobre la inconveniencia de salir con Josemi.

—No sé —aconsejaba Olivia— yo creo que es un chico con muy poco espíritu. Debías apuntar más alto, tú te mereces algo más. Además, es flojo en los estudios, no llegará nunca a nada.

—¡Imagínatelo cagando! —decía Helia—. A mí, si me los imagino cagando, me dejan de gustar automáticamente.

Y como ni por esas, Gabriela determinó "atacar" del modo más barriobajero.

Chismeo a Lola que había logrado averiguar que Josemi estaba loco por Amanda y que tenía pensado dejar a Inés por ella. No podía fallar. Amanda tendría que tirarse a Josemi porque era muy mono.

Lola se encargó de que, en apenas dos días, hasta el director supiera que Josemi estaba enganchado hasta las cejas por Amanda.

Amanda empezó a inflarse como un globo aerostático, sobre todo, cuando estaba con Inés.

—Tú no te preocupes, Inés —decía tranquilizadora— Un chico jamás nos separará.

La inocente de Inés estaba realmente convencida de que Amanda jamás se la jugaría y, sobre todo, confiaba en el pobre Josemi, que no se enteraba ni del No-Do.

Pero Gabriela puso la última banderilla. Se dirigió al mejor amigo de Josemi, Pancho, para contarle que Amanda estaba perdidamente enamorada de Josemi y que sufría mucho viéndolo salir con Inés. Eso sí que aceleraría las cosas. A Josemi, como a todos, le gustaría variar de vez en cuando.

A Lola le vino el cuento de que Amanda y Josemi se habían estado besando una tarde en la que Inés no salió porque tenía que estudiar y, claro, una buena amiga no permitiría que Inés hiciera el ridículo de aquella manera, por tanto, tenía que contárselo inmediatamente a la interesada.

Pero los hechos que sucedieron fueron distintos: Pancho debía ser de un patrón muy parecido al de Amanda. ¿Para qué narices le iba a contar a Josemi que ella estaba perdidamente enamorada de él, si su amigo "ya estaba pillado" y él podría ofrecerse gustoso como voluntario para consolar a la bella damisela? Y a Amanda le vino de perlitas el faje con ese espabilado para dar celos a Íñigo, que la había dejado por otra.

Inés se quedó hecha una verdadera piltrafa. Era una María Magdalena andante pero creyó en los juramentos de Josemi y siguió saliendo con él. Claro, también ayudó que Amanda se compadeciera de voz en grito de la lástima que le daba el pobre Pancho, al que habría dejado destrozado después de haber "degustado las mieles de su boca".

—¡Esta chica es boba de remate! —escupía Gabriela— ¡Pues no va y le perdona esa cornudez!

—Vamos a ver... —aclaraba Helia—. Es que es mentira...

—Pero, ¿y ella qué sabe? —se crispaba Gaby—. ¡Podía ser verdad perfectamente!

Por aquel entonces pegaba fuerte la canción de Mecano, "La fuerza del destino", que Gabriela hizo suya.

—Es nuestra canción, mía y de Josemi —hacía descansar su cabeza en un hombro— ¿No se han dado cuenta de que el destino siempre nos une?

—Vamos a ver... —volvía a cortar el rollo Helia— el destino... el destino... es mucho decir. Es que nos lo encontramos en todas partes porque lo seguimos a todos los sitios.

Gabriela se tuvo que conformar con que Inés y su novio salieran juntos dos años más. Pero estuvo la mar de entretenida mientras tanto: llamaba a los restaurantes donde había reservado previamente Inés para cancelar la reserva. Escribía notas que metía en la cartera del muchacho con frases tipo: "Me lo pasé muy bien anoche contigo. Te echo de menos. Vuelve hoy y trae más condones". Avisaba a los porteros de las discotecas donde iban que "el chico que vestía jeans y sudadera gris llevaba drogas para traficar dentro de la sala". Incluso recetó a Inés una crema estupenda que le iba a dejar sin un solo grano y que al final le puso como una pizza...

Gabriela suele invitarte a su casa y, mientras pone música, te alienta a que hagas diana con los dardos sobre la foto de Josemi e Inés. Y a ti de repente te empieza a dar una lástima infinita. Sientes pena de la pobre Inés, que no se merece la mala racha que está pasando, del desgraciado ese y de ti, que tienes cosas mucho más importantes que hacer.

Es realmente agotador tener una amiga como Gabriela. Llevar todo el día el rifle cargado y tener que otear a izquierda y derecha donde pueda aparecer un enemigo resulta agotador. Sobre todo, si te encariñas con las víctimas.

Además, has observado que ya casi nadie quiere quedar con ella, todas están tan hartas como tú de sus ideas. Está más sola que la una. Las vibraciones negativas que una persona expulsa de sí al final regresan a ella. Vamos, que es lo mismo que escupir hacia el cielo y, digo yo, que no te complacerá nada recibir el escupitajo si permaneces a su lado.

H, DE HIERRO

La fortaleza crece en proporción a la carga.
T.W. HIGGINSON

Todos poseemos suficiente fortaleza
para soportar la desdicha ajena.
FRANÇOIS DE LA ROCHEFOUCAULD

AÚN PERMANECE GRABADA EN TU MEMORIA la primera imagen que conservas de Helia: la niña que no lloraba nunca.

Te procuraba cierta seguridad mantenerte a su lado. Si algo horrible pasaba pero la mirabas ahí, tan cerca, tan calladita y tan serena, te daba la sensación de que nada era tan grave.

Iban al colegio juntas y, como complemento, vivían muy cerca. Lo que facilitó el hecho de que sus madres se hicieran amigas. Eso del "hoy no puedo yo, anda ve tú y luego te la recojo en casa" une mucho.

Helia es, en tu opinión, extremadamente fuerte. Demasiado, quizá. Fuerte de físico y de espíritu. Eso quedó garantizado desde ese día en que fueron juntas a montar en bici al parque. En la banqueta había como dos metros cuadrados de suelo parcialmente levantado. Helia tropezó con una montaña de baldosas rotas y fue a parar directamente sobre un hierro oxidado que sobresalía de la superficie. Se lo clavó en la pierna y tú te desmayaste cuando viste a tu amiga arrancarlo, con la misma facilidad con la que cualquiera extrae una espina de la planta del pie, dejando el hueso a la intemperie.

Helia tiene muy buen corazón. Siempre está dispuesta a ayudar a quien sea y a dar palabras de ánimo que, al ser tan práctica la chica, a ustedes les recuerdan más a una vacuna que a un remedio para sus males. "Vamos a ver..." eso decía siempre, analizándolo todo.

Helia no comprende cómo pueden llorar como idiotas al ver la película de *Los Girasoles* por decimonovena vez. De hecho, ella no despilfarra ni una sola lágrima el primer día que se la traga: "Vamos a ver, niñas, es que esto es una película. Es ciencia-ficción. O sea que no es real. Vamos, que es la Loren y el Mastroniani, que viven tan contentos con sus lujos y su dinero a cambio de aprenderse un guión y hacer una peli".

O también:

—Vamos a ver... ¿a quién se le ocurrió la genialidad de elegir "I will survive" como grito de guerra? Es que, a ver, uno "sobrevive" a un terremoto, a un maremoto, a un huracán, a un accidente o a un incendio pero, ¿a un pendejo? ¿Alguien no puede sobrevivir a que un wey cualquiera la plante a una? —se encoge de hombros— ¿Están tontas o qué?

No puedes explicarte qué le pasa a Helia con los chicos. Quizá tenga razón Lola: no le gustan. El caso es que siempre está buscándoles defectos: "Este no me gusta porque es un *espabilao*"; "el otro no me va ni un pelo porque es un soso"; "el de más allá es demasiado guapo. Mucho sufrimiento"; "El de la izquierda, es que no me pone nada, porque es tan ñoño que no hay química"; "El de la derecha es bajo para mí"; "El de ayer era tonto"; "El de hoy es demasiado inteligente"; "¡Ay, fulanito, qué asco me da desde aquel día que se le salió un moco en la piscina municipal!"; "Menganito lleva unos calcetines espantosos... yo no podría salir, nunca, con un chico que lleva esos calcetines".

Este exceso de precaución (o de prejuicios) ocasionó que no le conocieran un noviete que le hubiera durado más de un mes, hasta que salió con Luis.

Luis era una perita en dulce. A cualquiera les hubiera encantado tener un primor como aquel. Y complacía a Helia en todo, hasta en lo inimaginable. Mientras duró la fase del "tonteo" todo fue bien. Helia estaba súper emocionada. La tensión esa del ¿le gustaré o no le gustaré? la tenía en un sin-vivir constante. Lo malo fue cuando empezaron a salir. Cada dos por tres, ella venía a contarte que no se sentía satisfecha con Luis.

—¿Cómo se hace para fingir un orgasmo?

—¿Cómo... qué? —se hacía cruces Amanda.

—Sí, ya sabes, como se hace... ¿Como en las películas? —se ruborizaba ella— A ver, es que este chico se tira diez horas ahí, dale que te pego, y yo me canso. No puedo estar todo el rato esperando la caída de las ciruelas, con la de cosas que tengo que hacer.

—Y, ¿cómo aguanta tanto? —se extrañaba Amanda— ¡Qué bárbaro!

—No sé... —ponía los ojos en blanco Helia— ¿puede ser que sea a causa de los tres preservativos?

—¿Tres? —exclamaste tú— ¿Se pone tres?

—Él no quiere, pero yo le obligo a ponerse tres. Que una nunca sabe, se puede romper alguno y, además, me puede pegar cualquier cosa.

—¡Hija mía, no me extraña! ¡Ese pobre ni se entera! —se crispaba Amanda— ¿Quieres que te preste la bolsita de los garbanzos de mi madre? O si no, que se ponga un calcetín, si no te parece bastante.

Y, otras veces se dirigía a ti en privado:

—Es tan atento... no sé... está tan pendiente de mí... es que no sé si voy a poder corresponderlo. Me siento siempre en deuda con él... ¿Y si no soy capaz de quererlo tanto como él me quiere a mí?

Por supuesto, a ti estas preocupaciones te parecían de lo más triviales. ¿Y qué más daba si, por una vez, una no sentía por la pareja una pasión con tanta intensidad? ¡Ya era hora de que fuera la mujer la que menos ponía en una relación y la que más recibía! Pero temías que aquellas opiniones tuyas calmaran tanto a tu amiga como a ustedes sus consejos.

Entonces llegó el día que parecía no iba a ver llegar nunca. Fuiste a su casa a buscarla y te la encontraste llorando como Chavela Vargas y enrollando y desenrollando en su dedo una tira de celofán.

—¿Qué ha pasado? —pensaste en el fallecimiento de un ser querido, claro.

—He cortado con Luis —te contó ella.

—Pero, has cortado tú, ¿no? —observaste su índice totalmente envuelto en la tira adhesiva.

Ella te miró como si fueras una especie recién descubierta, como si no hubiera sido capaz de asimilar lo que acababas de decir.

—Sí, he cortado yo y, ¿qué diferencia hay?

—Bueno, claro —intentaste disimular tu torpe extrañeza— no importa quién lo haya dejado, lo que quiero decir es que si lo has hecho tú tendrás claro el motivo.

—Porque no lo quiero, Paula —se encogió de hombros y puso las palmas de su mano hacia el cielo— no lo quiero y le estoy haciendo daño.

—¿Por qué?

—Porque lo estoy acaparando para mí y estoy segura de que alguien podría corresponderlo como él merece —volvía a despegar el celo de su dedo, mientras cortaba una nueva porción.

—Vale... —te quedaste pensando en lo que se supone que tendrías que decir. Era la primera vez en tu vida que veías llorar a tu amiga, y la primera que una de ellas lo hacía por ser ella la que rompía con una relación.

—Pues ya está hecho, Helia, ¿no? Quiero decir, si tú piensas que ha sido lo mejor, pues...

—¡No! —chilló ella.

—Pero si acabas de decirme que has hecho lo que debías —abriste tus brazos de par en par— ¿Para qué llorar ahora?

—Porque seguro que está sufriendo un montón —te contestó.

—Bueno, pues... a veces... —tartamudeaste— a veces nos toca a nosotras. Otra vez te tocará a ti.

—Pero nunca me toca, Paula —te salió por atrabancada— Es que, ¿no te has dado cuenta de que nunca me toca? Yo jamás me voy a enamorar. Si me ha pasado esto con él, imagina lo que será con cualquier otro...

—¡Ay, qué tonterías dices! —le reñiste tú— Siempre toca. A todos nos toca. Lo que ocurre es que no has dado aún con tu media naranja, tontina mía. Ven aquí que te abrace...

Con la media naranja de Helia alguien debió hacerse un buen jugo, porque en los siguientes años no ocurrió nada digno de mención.

Sí que empezó a comportarse de una extraña forma y a hacer extravagancias como, por ejemplo, colocar las toallas del baño con un nudo imposible, como si fueran corbatas, o a limpiar compulsivamente los auriculares de los teléfonos antes de hablar. A pisar por el centro de las losetas de la calle o llevar las manos en carne viva de tanto que se las lavaba...

Te diste cuenta de que algo fallaba en su cabecita inmediatamente después de ir a comer con ella a un Burger King.

La chica de la caja saludó, con voz mecánica, a tu amiga:

—Buenos días

—Hola. Una *whopper*.

La chica, sin abandonar su tono de androide, anunció el pedido ante el micrófono:

—Un menú *whopper*

—No, menú, no —corrigió Helia— Sólo la hamburguesa.

—¿Sólo la hamburguesa? —preguntó la chica— Por cien pesetas más, puede disfrutar de patatas fritas o aros de cebolla y un refresco.

—Ya, pero no quiero aros ni patatas, solo la hamburguesa y una coca-cola.

—Hamburguesa *whopper* y coca-cola —la chica volvió a entonar monótonamente al micro— ¿La quiere normal, grande o extragrande?

—Normal, pero sin mayonesa, sin tomate, sin mostaza, con kétchup, con queso y, por favor, que el pepinillo no toque la carne.

—¿Con queso? ¿no quiere una *cheeseburger*?

Tú miraste hacia el interior de la cocina. Otra joven, con un gorrito de cocinero, miraba hacia su compañera un tanto descolocada.

—No, *cheeseburger*, no. *Whopper, whopper* con queso.

La chica aún estaba intentando asimilarlo pero, aún así, se aventuró a anunciar el pedido—Una *whopper* con queso, sin tomate, sin mostaza, sin pepinillo...

—Sí. Con pepinillo, pero que no toque la carne.

La cajera tomó aire, retomó su nasal modo de hablar e hizo un nuevo intento:

—Una *whopper* con tomate, kétchup, sin mostaza, con queso, con pepinillo... pero que no toque la carne...

La cocinera iba colocando a toda prisa los ingredientes.

—¡Sin! —alzó la voz, Helia— *sin* tomate

—Sin tomate... —la chica de la cocina quitó el tomate— sin mayonesa... —la cocinera quitó una rebanada de pan y la sustituyó por otra— con queso...

Tras poner el queso, la del gorrito, enjugándose las gotas de sudor con la manga de la bata, miró a la cajera para cuestionar, casi rayando en la desesperación:

—¿Quiere la lechuga?

—Sí —se adelantó Helia.

—Sí, con lechuga —asintió la muchacha.

La joven de la cocina parecía ir a echarse a llorar de un momento a otro.

—Y, ahora, ¿dónde pongo el pepinillo?

La cajera sopló su flequillo, y aconsejó, como si de un robot se tratara:

—El pepinillo entre la lechuga y el queso.

—¡No! —intervino Helia— El pepinillo entre el pan y la lechuga.

La chica del interior intentó recomponer el rompecabezas de la hamburguesa (varias veces y en distintas modalidades) hasta que se arrancó el gorro, con tanta pasión como si fuera a irse detrás de éste su cabellera, salió a la barra y lloriqueó a su compañera:

—¡Esto no es vida, Puri! —lanzó el gorro contra el suelo— Tú dirás lo que quieras, pero no hay dinero que pague este trabajo. Prefiero irme a la cola del INEM, ¡ya no aguanto más este estrés!

La cajera, como si no hubiera escuchado ni presenciado la función representada por su compañera, se dirigió a Helia para comunicarle:

—Por cien pesetas más, podemos obsequiarla con un vaso de cristal de coca-cola del color que desee.

—No quiero un vaso, amiga —replicó Helia— No he venido al Burger a hacerme el bufette. Solo quiero mi jodida hamburguesa. Eso quiero.

Helia salió con tantos hombres como viajeros del metro en la estación de Sol, en hora punta, y los motivos para cada ruptura se iban adecuando a la edad: "Este es pintor, hija, imagina que voy a mi madre y le digo que salgo con un pintor. Y que lo voy a tener que mantener el resto de mi vida, porque fíjate el pobre ¡Vivir del arte!"; "Este es jardinero. ¿De qué vamos a hablar? ¿De las hortensias que tiene que plantar en los maceteros de la terraza?"; "Es que Juan es médico. ¡Tanta enfermera de falda corta!, ¡tanto enfermo!, ¡tanta bacteria! No sé, además, no voy a estar a la altura de su formación".

Eso fue sólo el comienzo. Poco a poco, dejó de tener el mínimo interés por salir más allá de los límites de su ascensor:

—¡Ay, qué pereza! —solía excusarse— lavarte el pelo y pensar qué narices vas a ponerte. ¡Con lo a gustito que está una en casita viendo tan calientita la peli!

Para más datos, Helia contó con la ventaja de recibir como herencia un depa en Infanta Mercedes. Craso error. Porque, si hubiera tenido que compartir piso con alguna de ustedes o aún continuara en casa de sus padres, estaría deseando salir (para evadirse de la incómoda situación) pero, al estar sola, se encontraba la mar de confortable.

La única que era capaz de sacarla de allí (de puro tonta que se ponía) era Carolina, especialmente cuando organizaba esas fiestas privadas en las que si algún pobre muchacho osaba acercarse a Helia con la intención de invitarla a bailar, siempre se iba bien servido:

—Mira —se descalzaba un pie— tengo un juanete y me duele a morir. Lo siento, otra vez será.

—¡Los espanta a todos! —rezaba Amanda—. ¡Por los clavos de Cristo, que se quede en casa! ¿Cómo le puedes decir a nadie que no bailas porque tienes un callo *recalentao*? Es que se le acercan y ya está poniendo cara de "que te pego, carajo".

—Y mucho peor —añadía Patricia— enseñarle ese pie, ¡que hace años que no se hace una pedicura! *Ossssea*, esta chica no tiene el menor sentido del ridículo.

—Pero, vamos a ver —Inés hacía la sustitución de Helia cuando esta no se encontraba en perfectas condiciones— que no era un callo, que era un juanete.

—Era un horror —soplaba Marta— ¡Un horror!

O cuando salía a la terraza del ático:

—Perdona, me estás quitando la vista... —le decía serenamente al que se plantaba delante con el ánimo de presentarse.

—¡Ah, disculpa! —dice él— ¿Me aparto a la izquierda, o a la derecha? ¿Qué vista prefieres?

—La que me estás quitando.

—¿Vienes mucho por aquí? —encuestaba otro.

—Menos de lo que debería de venir.

—¿Estudias o trabajas? —interpelaba un *despistao.*

—¡Vivo de las rentas! ¡No te jode! —retorcía la nariz— ¿Es que no has visto la edad que tengo?

—¿Qué edad tienes? —no se daba por aludido— Si eres muy joven.

—Puedo ser tu madre, chaval —se choteaba ella— ¿Tú conociste a los Beatles?

Y es que Helia, a sus veintiséis años, ya se sentía muy mayor.

Un fin de semana se fueron a las fiestas de Navacerrada. En la plaza del pueblo tocaba una orquesta y dos chicos de muy buen ver se acercaron a Amanda y a Helia. Se presentaron por sus nombres y afirmaron ser pilotos, lo que despertó el interés de Amanda notablemente.

—¿De verdad son pilotos? —sonrió abiertamente.

—Sí, mira —uno de ellos extrajo algo de su cartera— este es mi identificación.

Antes de que Amanda pudiera alcanzarlo, Helia lo tomó entre sus dedos y tras observarlo dijo:

—¡Ah, sí! ¡Qué bonito es! Pues nosotras somos criadoras de cerdos en Navalpardillo de la Mata, pero no te podemos enseñar nuestros carnés porque aún no nos lo han dado.

No volvieron a ver el pelo de aquellos dos pobres chicos, aunque Helia tampoco el de Amanda que huyó despavorida a ocultarse en el baño de un bar.

Muy a menudo solía exponer su estudiada y particular estadística:

—A ver, el veinticinco por ciento de los hombres está casado. El doce por ciento, tiene novia. El quince por ciento es demasiado joven. El veinte por ciento, ya no mastica con sus dientes. El cinco por ciento, es gay y el tres por ciento está preso. Si al restante veinte por ciento le quitamos: los proxenetas indecentes, los pervertidos, los enfermos mentales, los subnormales, los indeseables y los que son familia o ya han sido desahuciados, ¿cuántos nos quedan? ¿Uno? ¿De cuánto es la probabilidad de que yo me encuentre con ese en la cola de la pescadería?

A pesar de lo que parezca y, aunque raramente lo confiese, Helia sí mantiene la ilusión por formar un hogar, tener hijos, o al menos una pareja estable. "Era lo establecido por el sistema". Pero, a medida que el tiempo va pasando y, para colmo de males llega esa endemoniada época en la que todas van teniendo novio formal, va tirando la toalla y aumenta "la pereza" de pensar en qué va a ponerse para salir ese sábado.

Rondarían los treinta. Tú te habías estabilizado con tu veterinario. De Yolanda habían recibido la noticia de que esperaba su primer hijo. Olivia ya se había casado y Patricia preparaba su boda. Amanda salía con un casado y la relación de Carolina estaba muy afianzada con su psicólogo. Marta acababa de anunciar su compromiso con Javier. Y Gabriela, harta de vivir con sus padres de nuevo, andaba buscando una ONG en la que trabajar y viajar muy lejos. Hasta supieron por la madre de Lola que se casaba el próximo año con un marino.

Claro que como Inés tampoco encontraba al hombre de su vida (ni escondido) Helia y ella se lo pasaban genial en casa de una u otra, todas esas noches en las que no salían.

Aquella, en particular, Helia se había quedado a ver *Me enamoré de una bruja*. La pasaban en Antena 3. Le encantaba aquella película, aunque no pudiera explicarse que una mujer tan bella como Kim Novak hubiese perdido la cabeza por un James Stewart de la vida.

Elsa Lanchester (en su papel de tía Queenie) le decía a tío Nick (interpretado magistralmente por un más que divertido Jack Lemmon):

—¡Se ha enamorado!

Nick con un escalofrío exclamaba:

—¡Eso debe ser como morirse!

—Pues sí, la verdad, —se sonrió mientras lavaba sus manos en la pila de la cocina— es mejor no enamorarse nunca. Porque si ya sufres sin estarlo, estándolo debe ser mucho peor.

Fue entonces cuando sonó el teléfono. Pisó, de baldosa blanca a baldosa blanca, sobre el suelo del salón, sorteando las negras y evitando las juntas. Era Olivia.

Olivia dedicó casi tres cuartos de hora de estupenda película y anuncios publicitarios a sermonearla sobre cómo debía manejar su vida. Mientras tanto, Helia jugaba pegando y despegando sus dedos de su recién estrenada tira de celofán:

—¿No has salido hoy tampoco? ¡No puedes seguir así!, ¿eh? Deberías apuntarte a unas clases de bailes de salón, aunque sea. No sé... te vas a idiotizar de tanto andar con la simple de Inés. Además, ya no te arreglas. ¿Por qué no vas a la "pelu" de vez en cuando y te pintas un poquito? Hija, ¡con lo monísima que eres! Estás malgastando tu juventud... Tienes que cambiar...

Se preguntó por la oscura esencia que las obligaba a ambas a cumplir a ratajabla ese contrato invisible. Ese que habrían debido firmar, hacía muchos años, y las instaba a repetir el ritual de citarse, todos los miércoles, en la misma cafetería, a la misma hora. Estaban tan lejanas. Eran tan diferentes.

Que no era precisamente la alegría de la feria, era del todo obvio. Pero caray, no hacía falta que se lo estuvieran recordando a cada instante. Sobre todo con consejos fortuitos de cómo cambiar su *modus vivendi*.

Lo que le molestaba de Olivia y de todas ustedes, era que realmente estaban convencidas de que lo que tenía que hacer cualquier persona para hallar la plena felicidad, era disfrutar de una vida idéntica a la suya. Y, a modo de propina, llegaba aquella asombrosa seguridad que tenían sobre el procedimiento irrefutable a seguir para solventar los problemas del resto de los mortales.

Ustedes, unas auténticas advenedizas en su vida, se aventuraban, sin el menor titubeo, a catequizarle con sugerencias del tipo: Cómprate..., vístete..., píntate un poquito... sal más... ve a la peluquería... ¿por qué no te apuntas a un gimnasio? Como si todo fuera así de fácil.

"Hola, me llamo Helia" —se dijo en silencio— "soy una residente de Madrid de treinta y dos años de edad. Tendría que tener uno, o dos hijos ya, pero lo que tengo es una neurosis obsesivo-compulsiva, que me tiene loca de contenta. Acabo de perder a mi padre y ahora me encuentro con una madre huerfanita que depende por completo de mí porque tiene cálculos en la vesícula y unas varices que no inventes. Pero mi vida ha cambiado desde que visito un prestigioso peluquero y me maquillo para irme a hacer abdominales en el Holiday GYM de siete a nueve.

Lo que, por otra parte, me viene de perlitas para conservar mis cuarenta y cinco kilos de peso en mi metro setenta de altura".

¿Pero qué habría de reprocharle? Vivían en el limbo más absoluto. Nadie, salvo ella y quizá Inés, tenía la más remota idea de cómo se sentía y, por más que lo explicara, seguiría siendo así. Por tanto, y por lo inútil que resultaba el esfuerzo, no albergaba la menor confianza en hallar resultados tratando de aclarárselo a nadie, y en especial a Olivia, a aquella extraña que había compartido, ni más ni menos, que los últimos veintidos años de su vida.

Pero era cierto, tenía que cambiar. Así que lo primero que hizo (tras lavar sus manos de nuevo y esta vez en el baño) fue buscar en Internet un servicio social de voluntariado en el que pudiera ser de utilidad a alguien.

Pensó en la posibilidad de adoptar un perro, pero el pobre iba a estar muy solito faltando ella de casa tantas horas como le ocupaba su trabajo. Así que dio sus datos, como casa de refugio, en un centro de gatos abandonados:

—Un cajoncito con arena... y ¡listo! no hace falta más.

Pocos días más tarde las invitó a su casa. Ni era miércoles, ni propuso encontrarlas en la habitual cafetería. Cuando llegaron, les pidió que esperaran a que pusiera una lavadora. La acompañaste hasta la cocina para charlar y preguntarle cómo iba todo. Observaste que rebuscaba en los bolsillos de los pantalones evitando lavar algo que no debiera. Un billete de metro usado fue hallado en uno de los bolsillos de sus jeans. Había algo escrito en el reverso, junto a un número. Ella lo miró con la mayor de las indiferencias y lo rompió en cuatro pedazos.

En cuanto llegaste al salón descubriste una pelotita de pelo negro hecho un ovillo bajo la mesa.

—¡Huy, qué mono! —dijiste al mirarlo con más detenimiento— ¿Y este gatito?

Las demás se volvieron sorprendidas.

—Es Pyewacket —aclaró ella.

—Pay... ¿qué? —preguntó Inés.

—Pyewacket, el gatito de Kim Novak en *Me enamoré de una bruja*.

—¡Huy! —exclamó Inés— ¿Nos vas a hacer un encantamiento?

—¿Es tuyo? —se interesó Carolina.

—No, es de adopción temporal.

—¿De adopción temporal? —se extrañó Gabriela— ¿Cómo de adopción temporal?

—Sí, me he ofrecido como casa de acogida de gatos —explicó— si alguien quiere adoptar uno, viene, los ve y elige...

—¿Los...? ¿Tienes más? —Carolina abría mucho los ojos.

—Una más, ahora. Pero he llegado a tener tres —dirigió su cabeza hacia el pasillo— Está en mi habitación.

—¿Y esa cómo se llama? —Inés se levantó y se dirigió al cuarto con la intención de ir a verla.

—Esa... "Gata" —dijo Helia.

—¿Cómo, Gata? —simuló su eco Gaby— ¿Qué nombre es ese?

—No es ningún nombre —Helia parecía incómoda con el coloquio y tras resoplar explicó— A ver, es que no es mía, y no soy yo quien debe ponerle un nombre. Al gatito sí, porque me va a resultar difícil colocarlo. Está tuerto y cojo...

—¡Cielo santo, vaya cuadro! —Olivia se echó la mano al pecho— un gato tuerto y cojo, ¡y encima negro!

—¡Uy! Fijense qué mosca tan tonta —Inés contemplaba totalmente obnubilada la lámpara del salón y ajena por completo a la tormenta que se avecinaba— No hace más que golpearse contra la pantalla. ¿No se habrá dado cuenta de que no puede salir por ahí?

Y el más escandaloso de los silencios se hizo de repente. Un silencio tan atroz que Gabriela se vio obligada a romper de inmediato:

—Pues es una muy buena obra, Helia. Me parece fantástico lo que estás haciendo. Todas deberíamos imitarte.

—¿Fantástico? —Olivia se puso tiesa como un palo y torció mucho la mandíbula— Tú eres tan idiota como ella. ¿Es que no te das cuenta de lo que está haciendo?

—¿Qué estoy haciendo, Olivia, a ver... qué? —sacudió los hombros Helia.

—Pues estás sustituyendo la compañía humana por la animal. Eres una auténtica sociópata. No quieres relacionarte con nada ni nadie que pueda decirte...

—¿Qué? —se incorporó tan seria Helia que temiste fuera a engancharla por los pelos— ¿Que me pueda decir qué?

—Que estás tirando tu vida por la borda —dijo Olivia muy ofendida— No quieres salir ni arreglarte por temor a que puedas conocer a alguien que se interese por ti. Ya no soportas un fracaso más. Y la culpable de tus fracasos no es otra si no tú. Tienes tanto miedo a perder a un ser querido que por eso decides no quererlo y te quedas tan ancha. ¡Cómo si para los demás fuese fácil! Al menos nos arriesgamos... Fíjate hasta donde llegará este colmo que ni siquiera tienes un gato tuyo. ¡Los tienes por temporadas! Por si acaso te encariñas demasiado con el animal.

—Yo tenía... —intentó interrumpir Inés torpemente— que comprar aceite...

—¡Cállate! —ordenó Helia de voz en grito y después miró a tu amiga—. ¿Eso piensas, Olivia?

—Eso pienso —se estiró la blusa— y ya lo he dicho.

—Vale, pues como ya has dicho todo lo que tenías que decir, lárgate de mi casa con tus monsergas, a ver si te voy a tomar demasiado cariño de repente —y pronunció mucho la erre.

—¡Pues al carajo! —se incorporó de un salto Olivia— ¡Ahí te quedas con tu gato tuerto, cojo y manco!

Y se largó. Y ustedes se quedaron petrificadas, sin saber qué decir para arreglar los desperfectos de la bomba nuclear que había estallado.

—¡¿Y ustedes qué?! —Helia dio una palmada ante sus bocas abiertas— ¿No tienen que comprar aceite? ¡Vamos, ya se están largando, que les cierran la tienda!

Así que se fueron también.

Tú no te quedaste nada tranquila, pero Inés te calmó como pudo:

—Hay momentos en los que una prefiere estar sola.

Helia se dirigió al cuarto de baño para lavar sus manos con ese jabón olor a cacao que había comprado últimamente. Intentó aclarar sus ideas con respecto a lo que había ocurrido. ¿Tendría razón la mandona esa? Pero sus pensamientos se desvanecían como la espuma en cuanto colocaba sus manos bajo el grifo abierto.

Se miró en el espejo y la imagen que le devolvió fue la de una vieja amargada, como tan fielmente había descrito Olivia.

—Tengo que cambiar de vida inmediatamente —se dijo— Sí, un cambio me irá bien.

Cogió unas tijeras de un cajón y cortó un mechón de su larga y hermosa melena. Y luego otro. Y otro, y otro más.

Y creyó que observar cómo los cabellos lacios iban cayendo sobre el lavabo, muertos, la iba a liberar. Pero, a medida que ellos se precipitaban como losas en la dura cerámica, ella se sentía caer en un túnel negro que la quería absorber por completo.

En la boca del estómago parecía albergar una enorme plancha de plomo. Cuando decidió que había terminado, volvió a mirar su reflejo en la luna y volvió a estregar sus manos con la espuma del jabón.

"Ya está" —pensó— "ya he cambiado. Ahora estoy clavadita al feo de los hermanos Calatrava".

El aire de otras veces comenzó a agolparse en su rostro. No le daba tiempo a respirarlo.

Se le había dormido el brazo izquierdo y le dolía el pecho y el cuello. Tenía la mandíbula entumecida, pero ya sabía que no iba a morir de un ataque al corazón. Ya había ido con el cuento otras veces a urgencias y le habían hecho sentirse ridícula.

¿Y si esta vez sí? ¿Y si moría con esos pelos y vestida con una única braga? La braga no estaba muy curiosa. Se le estaba pasando la goma. Y, encima, no le iba a dar tiempo a barrer los pelos del suelo. ¡Madre mía, qué apuro! Es que una nunca podía despistarse. Ya lo decía su madre, que se depilara y que su ropa interior fuera siempre "curiosa" porque podía pasar cualquier cosa.

Miró sus piernas. Con el vello que había en ellas se podía hacer una peluca. "¡Puff, *pa'* que nos pasara algo!" —pensó.

Tomó de otro cajón una bolsa de la farmacia. Rodeó sus labios con ella, bien apretada contra el contorno de su boca e inspiró y expiró en su interior. Repitió la operación muchas veces. Si no lo hacía, podría hiperventilarse.

Se dejó caer sobre la taza del WC, y allí se quedó como un busto de arcilla seca, durante largo periodo de tiempo. Hasta que sonó el timbre de la puerta. Consultó la hora en su muñeca y no pudo creer que fueran realmente las dos de la mañana. Volvió a pisar el suelo de baldosa en baldosa (esta vez negras), hasta la entrada y miró por la mirilla:

"¡Qué fastidio, Paula!" —protestó, sin abrir la boca. Y abrió la puerta con desgana, intentando ocultarse tras la madera, ya que aún seguía vestida con la braga.

Tú te echaste la mano a la boca y sofocaste un grito de horror, nada más ver el descalabro.

—¿No te gusta mi cambio de *look*? —preguntó Helia mostrando indiferencia.

—Estás... estás... graciosa —sonreíste perpleja en un primer segundo, pero al siguiente simulaste lloriquear— Pero, ¿qué te has hecho? ¡Dios mío, no se te puede dejar sola!

—Cambiar de imagen —contestó Helia resuelta— Renovarse, o morir. Mira —acarició a contrapelo su nuca— Voy a estar muy fresquita.

Te quedaste como una estatua de sal.

—¿Quieres un refresquito? ¿Unas aceitunitas? —Helia te preguntó, como si tal cosa, caminando ante ti y volviendo la vista de reojo hacia atrás.

—No, gracias... —respondiste mientras seguías observando el desaguisado, entre asombrada y aterrada. Te dejaste caer sobre el sofá de la sala.

—Necesito cambiar —repitió Helia.

—Sí, claro, pero poquito a poco, ¿eh? —buscaste el paquete de cigarrillos en el bolso— tú tranquilita, ya verás cómo cambias.

—Sí —mostró decisión— hay que cambiar. Voy a ser una Helia nueva.

—Bueno, —canturreaste tú como si volvieras a hablar a la Helia del osito, la que nunca lloraba— pero no hay prisa. Y hay que dejarse aconsejar por los profesionales, ¿sabes?

—Sí —Helia tomó una llave inglesa que guardaba en una caja de herramientas.

Miraste su mano, diminuta en comparación con la desmesurada herramienta que llevaba entre sus dedos.

Antes que cantara un gallo, Helia arremetió contra una pared del salón y la emprendió a golpetazos con la llave inglesa. Te abalanzaste sobre ella, gritando que parara de una vez y preguntándole qué demonios estaba haciendo.

Cambiar, eso dijo Helia, estaba dispuesta a cambiar de vida. Y ya no tenía el menor sentido seguir conservando la habitación de los niños que no tendría nunca.

Forcejeaste, con todas tus fuerzas, afanada en detener a tu amiga. Pero en aquel instante Helia había hecho un boquete en la pared.

Ya se podía ver el interior de la habitación de al lado, la de la tabla de la plancha y los trastos.

Volviste a llevarte los dedos a los labios.

Y después los paseaste por tus párpados, por la frente, por las sienes, por tu pelo. Y se te hinchó el pecho de aire. Un huracán que no acababas de expulsar nunca.

—Está bien... —te derrumbaste— está bien. ¿Tienes otra llave inglesa?, ¿un martillo, quizá?

Y el vendaval se te escapó entre los dientes.

Al día siguiente, al explicarle a tus amigas lo sucedido, te pareció estar dentro de una película de José Luis López Vázquez y Gracita Morales.

—Fatal, fatal... está fatal —respondiste al interés de Olivia— Se ha cortado el pelo a trasquilones.

—Bueno —dijo cándidamente Inés— pero ahora se lleva mucho así, a lo Meg Ryan.

—Ella misma, Inés —pusiste voz mecánica— Ella ha cogido unas tijeras y se ha cortado el pelo a sí misma, mismamente.

—¡Bah! —protestó Inés— pero ella es monísima, seguro que le queda fenomenal.

—No, Inés, no —volviste a simular la voz de un contestador telefónico interactivo— está horrorosa. Eso no le favorece ni a la Kidman.

—Pues la llevamos a la peluquería.

—¡Adónde hay que llevarla es a un sanatorio mental! —exclamó Olivia al cielo.

—No digo más —añadiste tú— sino que ha tirado una pared con una llave inglesa.

—Pero, ¿qué me dices? —se extrañó Gabriela— ¿Con una llave inglesa?

—Lo que digo —insististe.

—Para que vean —Inés volvió a tomar la palabra— Ahora nos hacen las paredes de papel. ¿No les parece?

Desististe del empeño en aclarar a Inés sobre la intención que originalmente tenías al contar la anécdota. Por supuesto no te querías referir a la calidad del inmueble, sino al hecho en sí de demoler una pared con una herramienta. Pero, en primer lugar, ya conocías a Inés y, en segundo, habías observado que se estaba aseando las uñas con las llaves de su casa. Era totalmente inútil esperar sacar algo en claro de ella. Debía ser que llevaba demasiado tiempo frecuentando a Helia y se había acostumbrado a esa inusual manera de comportarse. Sus excentricidades le debían parecer lo más normal. De hecho, solía guardar, en su bolso, un rollo de cinta adhesiva por si Helia agotaba la que estuviera manoseando. Y parecían formar parte de un club secreto: "Nosotras y las bolsas". Cada vez que se encontraban ellas llevaban bolsas de plástico con todo tipo de cosas que se intercambiaban. Las croquetas que una había hecho. Las que había hecho la otra. Las fiambreras que se devolvían (después de haberse comido las croquetas). La mantita de la abuela de Inés, que estaba muy bien para ver la tele, desde el sofá, calentita. La faldita que Helia se compró este verano pero no le sentaba bien y había pensado que a Inés le quedaría mejor. La blusa que una le había prestado a la otra para una ocasión y millones de medicinas y productos de herbolaria...

—Hay que buscar un novio inmediatamente a esta chica —aconsejó Amanda— aunque, se los prometo, yo he hecho lo que he podido...

—Bueno, o dos... —volvió al ataque Inés, riendo su propia ocurrencia— Y el que le sobre, si hay eso, pues para mí...

—Pero bueno —se alarmó Olivia— ¿Qué fumaron? ¿Han mezclado algún medicamento? ¡Esta chica lo que necesita es un loquero!

—Bueno —Inés apartó la vista de sus uñas para concentrarse en la cara de tu amiga— un loquero o lo que sea: carpintero, zapatero, labrador... tampoco vamos a pedir ahora un título universitario.

A ti, en aquel preciso instante, se te ocurrió la genialidad de llamar a tu amigo Jero.

Sí, sí. Ya sabes que es verdad, que tiene que pedir ayuda, pero tal vez le fuera bien con tu amigo. ¿No era el problema que se cansaba de ellos nada más conseguirlos? Bueno, pues a Jerónimo no lo iba a tener tan seguro como a los demás. Era un hueso duro de roer. Se la llevaría a la cama en un parpadeo, pero de ahí a formalizar una relación... En cualquier caso, no le vendría nada mal salir y disfrutar con un chico. Ya no debía ni acordarse de cómo se hacía aquello.

Por otro lado, tú intuías que Jero estaba pasando, igualmente, una mala época. Parecía no haberle hecho ni gota de gracia que formalizaras tu relación con tu chico veterinario y que comenzaras a pensar en boda. Presentías que empezaba a reventarle que todos sus amigos consolidaran sus relaciones y se estabilizaran emocionalmente. Quizá estaba completamente harto de esa promiscuidad que le había acompañado durante demasiados años. Seguro que tendría ganas de encontrar algo quc verdaderamente mereciera la pena. Se había acomodado a pasarse por su verga a cuanta falda ondeara al viento, sin pararse a pensar si en cualquier otro sitio (que no fuera la cama) aquello hubiera funcionado.

Desde luego, intentarías convencer a Helia que tenía que ir a un psiquiatra, o a un psicólogo (antes a la peluquería, claro está) pero en paralelo intentarías presentarlos porque, ahora que lo recuerdas, nunca habían coincidido bajo el mismo techo. Y si habían ido a alguna fiesta del colegio, nunca tuviste la precaución de presentarlos.

Tienes que reconocer que Olivia tiene razón con respecto a Helia: le da tanto miedo la vida que ha decidido hacerse la muerta. Sí, hacerse la muerta para que los tiros le pasen por arriba, sin rozarla. No le da la menor oportunidad a nadie, tiene tanto miedo a ser herida que prefiere no decir "hola" ante el temor de tener que decir un día "adiós". Por consiguiente, ha decidido no hacer otra cosa que ver pasar los trenes de largo. No quiere que nadie la lastime, porque ella es la fuerte y ustedes la necesitan a su lado. Pero como dijo Shakespeare "lo malo de los débiles, no es que caigan y tengas que recogerlos del suelo, es que te vas a pasar toda tu existencia sosteniéndolos para que no vuelvan a caer" y eso es echarse demasiada responsabilidad a las espaldas.

Lo peor de Helia es que no está acostumbrada a pedir ayuda sino a prestarla. Y la amistad, por raro que parezca, también es permitirse recibir de vez en cuando.

Hay dos tipos de amistades:

1. Como eres mi amigo y te quiero mucho, te lo cuento todo, y
2. Como eres mi amigo y te quiero mucho (aunque nunca te lo diga) te cuento poco, o nada, para que no te preocupes.

A este último grupo pertenece tu amiga pero, en realidad, su egoísmo es comparable al de Amanda. ¿No se le ocurre nunca pensar en que quizá a ti te apetezca escucharla, o socorrerla? Es como tener un novio que se limita a quererte muchísimo pero no permite que lo quieras. ¿De qué te sirve entonces? ¿Quién te va a procurar las mariposas en el estómago? ¿O la sensación de flotar entre nubes de algodón?

I, DE INOCENCIA

Sólo los tontos tienen muchas amistades. El mayor número de amigos marca el grado máximo en el dinamómetro de la estupidez.

PÍO BAROJA

El día que perseguiste a José Miguel Salgado de Llanos, alias Josemi, hasta Pachá, te quedaste observando a Inés en la cola de gente que esperaba entrar.

La pobrecita estaba emocionada porque había conseguido ver a su chico después de su regreso del viaje de fin de curso, hacía lo menos quince días. Estrechó sus manos nada más verlo y se le iluminó la mirada.

Era (sigue siéndolo) preciosa. Un verdadero bombón. Gabriela empezó a jurar en arameo nada más verla:

—¡Vaya una tonta! —resoplaba— ¿Será zopenca? ¡Que le pregunte! ¡Que le pregunte sobre lo bien que se lo ha pasado en el viaje!

Para dar el próximo paso en el tramado plan de Gaby (hacerse amigas de Inés) tenían que disponer de alguna información sobre la chica. Y para este cometido, la persona más calificada era Lola.

Lola se esmeró en acercarse a Josemi durante los recreos para charlar con él amistosamente.

—¡Nada! —venía a reportaros— apenas nada... Va al Sagrado Corazón, a nuestro mismo curso. Es una niña de iglesia. No fuma, no bebe y solo ha salido con este ñoño en su aburrida vida. Tiene tres hermanas. Le gusta ir al cine, sobre todo a ver las películas rosas... y no tiene más misterio.

—Pero, ¿dónde vive? —se enervaba Gabriela.

—¡Chica! —gruñía Lola— ¿Qué quieres? ¿En qué estás pensando? ¿En hacerle lo mismo que a la señorita Olvido?

—Hay tropecientos colegios Sagrado Corazón —reprochaba ella— y si no lo crees, mira en la guía de Madrid.

—Este está en la calle Santa Magdalena Sofía... —se jactó Lola de su labor detectivesca.

—¡Ah! —exclamaste tú— eso está por Pío XII.

—Bueno, pues ya tenemos algo... —se mordió los labios Gaby, muy misteriosamente.

—¿Qué tenemos? —se interesó Patricia.

—Pues que siendo una niña tan modosita —caviló Gabriela— tiene que vivir cerquita del colegio. A ver si se va a perder por ahí. No creo que vaya en ruta.

—Pero, ¿tú qué sabes? —se sorprendió Helia de la capacidad de lógica absurda que podía tener su amiga— Lo mismo sí.

—Y seguro que tiene que ir a misa por ahí también —Gabriela obvió el comentario de Helia— Así que este domingo nos vamos a misa.

—¿A qué misa? —Marta estaba perpleja.

—A todas... —decretó ella— Hay que buscar una guía urbana, a ver qué iglesias hay alrededor del colegio y enterarse de las horas...

—Pero... —Helia no acabó la frase. Debía estar pensando que no valía la pena terminarla.

Así que (para pasmo total del párroco) durante los tres siguientes domingos fueron a todas las misas de la iglesia del colegio que daba a Pío XII, y el cuarto se mudaron a la de la Avenida de Burgos, la de San Miguel Arcángel de Chamartín.

Allí estaba Inés, en el confesionario precisamente.

Olivia te encargó a ti la tarea de escuchar la confesión:

—Por motivos obvios —te dijo en apenas un susurro— creo que no es conveniente que sea Lola quien la escuche.

Los confesionarios eran contiguos. Es decir, el habitáculo que ocupaba el cura daba a dos ventanas, una a un lado (donde ella se había colocado) y otra, al otro (donde esperabas tú). Esa proximidad y el hecho de que Inés parecía chillar en voz baja, te permitió escuchar toda la confesión sin el menor problema:

—Ave María purísima —se anunció ella.

—Sin pecado concebida, hija —le respondió el cura— ¿Cuánto tiempo hace que no te confiesas?

—Dos semanas, padre —respondió ella.

Y tú te preguntaste qué pecado tan gordo podía haber cometido una persona en dos semanas. Por lo que te alcanzaba la memoria, tú no te confesabas desde la primera comunión.

—Cuéntame, hija —apremió él.

—He roto una gaseosa en casa y mi madre se ha puesto hecha una furia.

—Bueno, hija. Eso puede sucederle a cualquiera...

—Ya, pero a mí se me han ocurrido decirle unas cosas terribles. No sólo llevarla a un asilo cuando sea viejecita, no. Sino abandonarla en una gasolinera.

—Pero ¿se lo has dicho? —se interesó él.

—No, no... pero de pensamiento y omisión también se peca, ¿no, padre?

—Sí... —el cura suspiró— continúa.

—También ha pasado que he tenido conducta relajada con mi novio.

—¿Qué has hecho, alma de Dios? —le preguntó él escandalizado.

—Me he besado muchas veces en la boca, con lengua. Bueno, ya no es la cantidad, creo que el verdadero problema está en la duración. Son muy largos y, ya me entiende, cuantos más largos, peores cosas se te pasan por la cabeza y empiezas a tener una serie de sensaciones que...

—Pero... ¿habéis llegado al tocamiento?

—No, no, padre —aseveró ella— de tocamientos nada. Pero él siempre me dice que acaba con un dolor agudo en sus partes y yo no creo que eso sea nada bueno para su salud y para la salvación de mi alma.

—Los besos nacen del corazón, hija —le explicó el cura— lo que tienes que hacer es intentar controlar que no lo hagan en otra parte del cuerpo. Procura cortarlos si se extienden demasiado. De penitencia vas a rezar...

—¡No, padre! —le interrumpió ella— ¡Qué aún no he terminado!

—Sigue, hija, sigue —se resignó él.

—El otro día dije una mentira, y no piadosa precisamente.

—¿Qué mentira fue esa? —te pareció que había acallado un bostezo.

—Le dije a mi hermana que no me había puesto su suéter... —pareció detenerse— ¡Pero sí lo hice!

—Entre hermanas tendrían que tener confianza.

—Ya, pero usted no sabe cómo se las gasta mi hermana.

—¿No te presta sus cosas?

—No. Si ya se lo digo yo: "Quien no comparte, nada tiene", pero ella es una egoísta de tres pares de narices.

—Bueno, pues si tú sabes que a ella le molesta, intenta respetar su privacidad.

—Si yo lo intento, padre —intentaba disculparse— pero es que a veces parece que me salgan los cuernecillos y el rabo y que esté deseando que ella desaparezca por la puerta para ponerme cualquier ropa suya o leer su diario, que hasta he aprendido a abrir el candado con una horquilla. Claro que luego siempre me arrepiento...

—Bueno, no tiene la menor importancia. Intenta escuchar siempre la voz de tu conciencia.

—¡Ah! Y me tiro las horas muertas en el cuarto de baño arreglándome y mirándome en el espejo y sé que eso es... ¿Cómo se llamaba eso que tenía santa Teresa de Jesús?

Te levantaste. Resolviste que quizá sería mejor que te confesaras tras una persona que hubiera cometido alguna atrocidad, como matar a alguien, por ejemplo. Porque tras la confesión de Inés, la tuya iba a tener toda la pinta de alguien que se va a pasar algo más de un veraneo en el infierno. Pero, para tu sorpresa, el cura se giró como una bala hacia ti y te espetó:

—¡Ten un poco de paciencia, hija! Ahora mismo estoy contigo.

Inés se quedó rezando como dos horas más y ustedes se marcharon con la intención (de Gabriela) de volver allí al domingo siguiente.

Se fueron a tomar algo al Cañadío, en la plaza del Duque de Pastrana, muy cercano a la iglesia, y cuando estaban apoyadas en la barra, vieron a un chico en moto que arrancaba a su paso el bolso de una chica que pretendía cruzar por el paso de peatones. Cual no fue su sorpresa que, enseguida, reconocieron a Inés.

La ocasión la pintaban propicia para no tener que ir a misa el siguiente domingo, así que todas corrieron hacia la chica que se había quedado dando alaridos desgarrados en mitad de la calzada:

—¿Estás bien? —se preocupó Olivia.

—Sí —contestó ella llorando— pero fíjate qué cosas.

—¿Necesitas dinero? —ofreciste tú.

—No, si vivo muy cerca, en la calle Jerez —aclaró ella— pero...

—Sí, una chingadera lo que te ha pasado, desde luego, —intervino Patricia— tendrás que llamar para cancelar las tarjetas, ¿llevabas mucho dinero?

—¿Qué tarjetas? —moqueó Inés— No, tarjetas no, si llevaba solo quinientas pesetas en el monedero, pero las fotos que tenía son irrepetibles.

—¿De tu novio? —conjeturó Gaby con su sonrisa típica del *Cabo del Miedo.*

—¡De mi canario! —exclamó ella como si estuviera sufriendo una pérdida irremplazable— A mi novio puedo hacérselas cualquier día...

Todas se miraron sin mediar palabra, hasta que a Marta se le ocurrió una pregunta algo más inteligente:

—¿Llevabas las llaves de tu casa? Será mejor que cambies la cerradura.

—Pues sí —asintió ella repetidamente con la cabeza— Mi madre siempre dice que soy tonta de llevarlas en un llavero con la dirección de casa escrita. Pero yo siempre pienso en la probabilidad de que me echen droga en la bebida y olvide mi domicilio. La verdad es que el chorizo ese no va a tener el menor problema en desvalijarnos cualquier tarde que se aburra.

Aquella ocasión les sirvió para acompañar a Inés durante todo el día. Unas hicieron guardia en la puerta de casa, mientras el resto fueron a buscar un cerrajero de veinticuatro horas. Luego, esperaron a que cambiara la cerradura y la familia de Inés las invitó a comer en casa.

Eran cinco hermanos. Tres chicas y dos chicos. "Inesín" (así la llamaba su madre) era la pequeña. Tú no hubieras permitido de ningún modo que tu madre te llamara así en público. Sobre todo delante de un atajo de víboras deseosas de hincar el diente.

No había canario por ningún lado. Sí una jaula, precisamente en la habitación de Inés, con una plantita dentro. Ella, al adivinar tu pensamiento al observarla, esclareció:

—Esa era la casita de Cuí...

—¿Cuí? —repetiste tú.

—Sí. El conserje un día me dijo que alguien había tirado al pajarillo por la ventana —puso mueca de enfado— la gente está fatal, se creen que a un pajarillo casero se le abre la puerta y va a echar a volar como si fuera un gavilán... Y, claro, la pobre Cuí cayó en los setos de alrededor del jardín. Para que veas eso de que "tanta libertad no es buena" es una verdad como un templo. Yo la cuidé y me duró dos añitos...

—¿Se llamaba Cuí? —temiste no haber entendido el nombre.

—Sí. Es que, verás, se suelen comprar canarios para que canten y esta no decía más que "Cuí... cuí... cuí..." —te pareció aún más tonta imitando el canto del pájaro— Es que era canaria, y las hembritas no saben cantar. Por eso sería que se deshicieron de ella.

El fin de semana próximo, iban a comprar zapatos a unas tiendas que conocía Olivia, así que invitaron a Inés y ella accedió gustosa. Desde aquel momento Inés formó parte de su grupo. Y con respecto a su modo de ser, no hace falta contar muchos detalles.

—Inéeeeeeeees —le gritaba un chico— ¿Jugamos al teto?

—¿Al teto? —se encogía de hombros— yo sé jugar al tute, pero a eso, ¿cómo se juega?

—Tú te agachas y yo te la meto —el corrillo de muchachos se despepitaba de la risa.

O cuando alguien contaba un chiste, ella reía diez minutos más tarde que el resto. O peor: cuando lo contaba ella, que se empeñaba en explicarlos y perdían toda la gracia:

—Esto es una señora que se compra un armario por piezas y lo monta en su casa, mientras su marido se ha ido al trabajo, para darle una sorpresa. Y entonces va y el armario se cae. ¡Ah!, es que se me ha olvidado decirles que vivían justito encima del metro y el metro pasa y el armario se desmonta. Lo vuelve a montar, vuelve a pasar el metro y se vuelve a caer. Y así una y otra vez hasta que la señora, hasta las narices va y llama al servicio técnico del establecimiento. Le cuenta su problema y el técnico queda en ir a su casa y montarlo él mismo. Y entonces lo monta, pero vuelve a pasar el metro y se vuelve a caer. Y seis veces más y siempre pasa lo mismo. El técnico, harto, le dice a la señora que lo va a montar una vez más y se va a meter en el armario para esperar a que pase el metro y ver si, desde dentro, puede averiguar dónde está el problema. Entonces el marido llega del trabajo y va a la habitación y, cuando entra, ve el armario y dice: "Anda, ¿y esto?" y abre la puerta y ve allí al técnico y la señora le dice: "Cariño, no es lo que parece..." No, espera, es el técnico el que dice "no es lo que parece..." No, no... es el marido mosqueado el que dice: "¿Y usted, qué hace aquí?" y el técnico le responde: "Supongo que no me creerá si le digo que estoy esperando el metro" Porque, claro, el marido se creía que su mujer estaba liada con un señor y que lo había metido en el armario para esconderlo. Y, claro, si el técnico le contaba que estaba esperando el metro pues no se lo iba a creer, porque eso no era ninguna estación, porque uno va a la estación para esperar al metro. Pero claro, el técnico no querría decir que se había ido al armario para esperar el metro, si no para ver por qué se caía el armario...

Aún te ríes cuando recuerdas aquella vez que Inés tuvo una contractura en las cervicales. Había ido a un fisioterapeuta a que le diera un masaje:

—Hija, te deja como nueva —les contaba— lo malo es cuando llega el paso ese en que te da el masaje por las tetas... ¡Me da una pena!

Obviamente ninguna reunió valor suficiente para aclararle que las cervicales no guardaban la menor relación con las tetas de nadie y que el "paso" de ese vivo no tenía el menor sentido. Porque si bien con la edad las teresas de una solían alcanzar la altura del ombligo, no conocíais a nadie a la que se le hubieran colocado en la misma nuca.

Por lo demás es un encanto. Es la presa ideal de las egoistas del grupo. ¿Amanda tenía que comprarse ropa y nadie quería acompañarla?: Allá iba Inés. ¿Marta necesitaba cualquier cosita?: Se la pedía prestada a Inés y luego se le olvidaba devolvérsela. ¿Carolina quería que alguien se ocupara de hacer compañía a Yolanda?: Pues Inés era la que la llamaba o iba a buscarla.

Aunque también en ocasiones resultaba muy pesada. Como los niños de ideas fijas. Por ejemplo, si le da hambre a las tantas de la mañana, es que no para hasta que no compran un bocadillo en un puesto cualquiera: "Tengo hambre. ¡Ay, qué hambre tengo! ¿No tienen hambre?". Y si tiene frío: "¡Ay qué frío!, ¿ha dicho que bajaba ya?, llama otra vez al portero que seguro que no se acuerda que estamos esperando. ¿Por qué no subimos a su casa? Es que tengo mucho frío, ¿no tienen ustedes frío?".

Olivia prohibió a Inés ir de compras con ella desde aquella vez que se fueron a comprar los zapatos a las dichosas tiendas de muestrarios: "¡Qué dolor de pies! ¿No te duelen los pies? Yo ya no lo soporto, sigan ustedes que yo me quedo aquí sentadita. Es que los pies me están matando".

Un poco más tarde llegaría la época en la que Inés se compraba el Dunia y se lo llevaba a la misma discoteca a leerlo bajo un foco. E inmediatamente después, el periodo en que Yolanda, Helia y ella jugaban al escondite en la misma discoteca Manhattan (decían aburrirse mucho). Evidentemente, Amanda simulaba no conocerlas mientras bailaba.

Aunque motivos te dio de sobra para pensar que de tonta tenía lo suficiente.

Como aquella noche que salieron y te fuiste a dormir a su casa. Estuvieron hablando hasta las tantas de la mañana y entonces te contó que Josemi le había confesado que durante el viaje de fin de curso le había puesto los cuernos con otra:

—¿Te lo contó? —no diste crédito a lo que escuchabas y no pudiste pensar en cómo se pondría Gabriela si lo supiera.

—Sí, claro —obvió ella— Nada más vernos. Al menos fue sincero.

—¿Te...?

—¿Si me dijo con quién? —interrumpió adivinando tu pregunta— Claro, con Gabriela.

Te quedaste muda. ¿Cómo podía tener la relación que tenía con Gaby después de saber lo que sabía? ¿Y Gaby? ¿Qué haría Gaby con la información de la que tú disponías? Sería insufrible. Gabriela pensaría que aquello era una traición de lo más baja por parte de Josemi. Sí, así somos las mujeres. Si nosotras ponemos los cuernos a alguien, está bien. Pero ¡qué sean ellos los que confiesen!, eso es ruin.

—¿Y tú qué piensas? —te atreviste a preguntar.

—¿Qué voy a pensar? —se encogió de hombros— Mujer, Josemi es una monada y a cualquiera puede gustarle. Gaby tuvo la mala pata de toparse con él cuando ya salía conmigo y ella no hizo mal a nadie. Fue él quien actuó mal, pero luego se arrepintió y pidió perdón. Y es de buenos cristianos perdonar y olvidar. Mira, si no el rey David qué mal bicho era. Pero luego se arrepentía y cantaba a Dios esos salmos tan hermosos... ¡Que llegó a ser uno de sus hijos predilectos!

Tras la larga conversación cada una ocupó su cama y se dispusieron a dormir. Pero cada diez minutos, en la oscuridad, Inés acercaba mucho su nariz a tu rostro:

—¿Quieres algo? —le preguntabas.

—No, nada, nada —te respondía ella con los ojos muy abiertos.

La plantita del interior de la jaula ya sacaba sus largos esquejes a través de los barrotes. Y ella, igualmente, parecía extraer de entre las sábanas sus interminables y esqueléticos tallos que movía como si fueran aspas de molino. No paraba de dar vueltas.

Hasta que, de nuevo, se quedaba quieta y, tras dos segundos, volvía a acercarse mucho a tu cara.

—¡Pero, Inés!, ¿qué quieres? —te irritabas.

—¡Nada, hija! —se lamentaba ella— solo ver si dormías ya...

Decidiste hacerte la dormida para averiguar si eso le calmaba de una vez. Así que tan pronto como se volvió a acercar a ti, aceleraste tu respiración y no despegaste los párpados.

Ella dio un respingo y se apresuró a ponerse de rodillas al lado de su lecho. Se persignó y se agachó a mirar el suelo que quedaba bajo este. Parecía estar buscando algo con mucho interés. Una vez comprobado que allí no había nada más que sus zapatillas, dio con sus huesos sobre el colchón y se quedó como un tronco en menos que canta un gallo.

En cuanto a los chicos de Inés, salvo Josemi, ninguno le duró ni el tiempo que uno aguanta una avispa en la mano. Gustaba, sí, y mucho, pero una vez habían conseguido salir con ella, siempre acababan por dejarla.

A veces piensas que las verdaderas culpables de aquello eran precisamente ustedes. La trataban como si fuera idiota y eso termina por contagiarse.

—Pero bueno —se alarmó Olivia—, ¿qué han fumado? ¿Han mezclado algún medicamento? ¡Esta chica lo que necesita es un loquero!

—Bueno —Inés apartó la vista de sus uñas para concentrarse en la cara de tu amiga— un loquero o lo que sea: carpintero, zapatero, labrador... tampoco vamos a pedir ahora un título universitario.

—¡Despabílate, Inés! —Olivia le arreó tal bofetada que los cuatro dedos de su mano se le quedaron grabados durante más de tres horas.

A Inés se le cayeron las llaves al suelo. Colocó su mano de par en par sobre la mejilla dolorida. Su boca estaba tan abierta que fuiste capaz de divisar un plateado empaste en la muela del juicio.

—¡Eres la persona más cercana a Helia ahora! —volvió a chillar Olivia— Está en tu mano ayudarla. Desde luego, de mí no va a querer saber en mucho tiempo. Eres nuestra única esperanza. Tienes que conseguir que entre en razón y que se dé cuenta de que necesita ayuda profesional.

Inés empezó a sollozar como lo que era, una niña pequeña e indefensa.

—¿Y quién me ayuda a mí?, ¿eh?, ¿quién? —les reprochó— Yo estoy mal, muy mal también. No se han enterado porque están tan ocupadas que no se enteran de lo "depre" que me siento. Ahí están siempre, a mi lado... pero como si no estuvieran. ¿Es que una se tiene que cortar el pelo, o las venas, o llenar su casa de gatos tuertos, o tirar un muro de casa con una llave inglesa para que se enteren de que ésta está muy triste y se encuentra muy sola?

Todas se miraron esperando que alguien tuviera algo que decir y que, por favor, por una sola vez, fuera interesante. Pero a nadie, en absoluto, se le ocurrió nada.

—¿Saben que compro compulsivamente aparatos de hacer gimnasia y nunca la hago? ¿Y miles de cremas que nunca me pongo? ¿Se han enterado de que necesito una pastilla para dormir y otra para despertarme? ¿Han hecho un cálculo aproximado de lo que debo pesar? ¿No han observado que me estoy quedando calva? ¿Alguna de ustedes mira bajo su cama para poder dormir a gusto?

Tú recordaste aquella noche en su habitación, pero fue Olivia la que se adelantó a preguntar:

—Y, ¿para qué?

—La gimnasia y las cremas porque me veo como un monstruo horrible, y las pastillas... —Inés cambió repentinamente el tono de desesperación a uno despreocupado y se concentró en dar las explicaciones como si se le hubiera olvidado de repente su amargura.

—¡No, mujer! —dijo Olivia— Lo de mirar bajo la cama...

—La abuelita me compró dos hámsteres cuando era pequeña, macho y hembra. Tuvieron hijitos. Pero un repentino día, la hembra se los zampó, uno a uno. Yo no entendía por qué. Yo les daba de comer a todos pero ella se comió a los bebés. Me quedé horrorizada. Tanto, que quise deshacerme de ellos cuanto antes. Y luego no podía vivir pensando en qué habría sido de ellos. Ahora que lo pienso, podía haberlos llevado a un veterinario pero los dejé en mitad de la calle. Estuve mucho tiempo soñando que la mamá hámster me tenía atrapada en una celda, atada de pies y manos a los barrotes, esperando a ser devorada por ella. No había manera de irme a la cama sola, porque yo sospechaba que se había ocultado bajo el catre, esperando a que yo durmiera para atacarme. Después me di cuenta de que al deshacerme de ellos me cayó la maldición: la maldición del hámster. La maldición de no poder tener ni macho, ni hijitos. Así que aquel sueño volvió a martirizarme y a despertarme empapada en sudor y lágrimas. Solo que entonces yo misma era la mamá hámster (enorme, monstruosa y peluda) y me zampaba a cualquier macho que me presentaran y, por consiguiente, a los futuros hijitos que pudiera tener con él.

—¡Alabado sea Cristo! —aulló Olivia— Pero, ¿cómo hemos llegado a esto, por Dios? ¡Estáis como locas! Ya les dije que el veraneo con Yolanda no nos iba a traer nada bueno. Se les cayeron las pocas neuronas que les quedaban.

Y, entonces, fue cuando se le ocurrió la genialidad de que ambas pidieran ayuda profesional y que se encargara la misma Inés de los trámites. Al chico de Carolina era mejor no meterlo en este berenjenal por muy psicólogo que fuera, a ver si iba a tener demasiada información sobre ustedes. Y Carol aplaudió la idea probablemente por temor a que saliera huyendo, despavorido, de sus garras.

Inés es esa pieza que no acaba de encajar en el rompecabezas, pero sin la cual éste no se completaría nunca. Será rematadamente tonta, o sólo lo estrictamente necesario y la menospreciaran tanto como se les dé la gana, pero ella tiene el poder. Sí, porque, en realidad, todas la necesitan mucho más de lo que ella las necesita a ustedes. Es indispensable. Siempre estará ahí para hacerte reír con sus ocurrencias, para explicarte los chistes, para quejarse del hambre, del frío, del calor, del dolor de pies o para acompañarte cuando nadie quiera hacerlo.

Es más, vamos a recordar de nuevo a Shakespeare, que dijo que en la amistad y en el amor se es más feliz con la ignorancia que con el saber. Cuestiónate si es que es tonta para ser su amiga, o si se lo aparenta para adolecer de su amistad.

LA *H* CON LA *I*...

La verdadera locura quizá no sea otra cosa que la sabiduría misma que, cansada de descubrir las vergüenzas del mundo, ha tomado la inteligente resolución de volverse loca.
HEINRICH HEINE

Dios escribe derecho con renglones torcidos.
ANÓNIMO DEL REFRANERO ESPAÑOL

CUANDO INÉS Y HELIA LLEGARON A LA GRANJA les pareció preciosa. Un lugar idílico. Un sitio verde rodeado de montañas. Uno de esos paisajes que pintaban cuando eran pequeñitas. Solo faltaba la nieve en los picos de las montañas del horizonte y el humo saliendo de la chimenea.

Inés expresó su presentimiento. Iban a salir de allí como nuevas.

Y Helia deseó que Dios la escuchara, ya que estaba gastando las únicas vacaciones que le restaban. Los otros quince días los había tirado en el hospital, con lo de la operación de vesícula de su madre y en casa. Y, lo que era peor, estaba invirtiendo en aquella granja el dinero ahorrado de diez meses enteros.

—Chssss... —interrumpió sus pensamientos Inés— ¿No oyes?

—No... —se extrañó ella prestando toda la atención que pudo.

—Pues eso mismo —rió Inés— que no se oye nada. ¡Qué maravilla!

Helia envidió la asombrosa facilidad que, a menudo, tenía Inés por emocionarse con cualquier bobada.

El viaje había sido largo y agotador. Estaban extenuadas. Las habían obligado a dejar el coche en Madrid. Estaba prohibido conducir. Así que habían tenido que tomar un tren hasta Ávila, y allí un autobús. Y desde Arenas de San Pedro, tomaron un taxi. Eso estaba fuera de toda civilización.

Una pareja salió de la casa a recibirlas. La mujer dijo llamarse Enma y adivinó los nombres de las chicas. El hombre, Juan, les aseguró que allí iban a "sanar".

Helia extrajo el celular del interior de su bolso, mientras repitió en su interior:

"Sanar. Vamos a sa-nar, no te lo pierdas"— miró la pantalla del aparato más que nada por satisfacer la curiosidad de si desde allí había, o no, cobertura. En el último pueblo la había perdido totalmente.

La tal Enma la riñó sonriente y usó el mismo tono que se utiliza para dirigirse a una niña de dos años. En la granja estaban prohibidos los celulares.

Juan añadió que la que iban a tener en los próximos días era una vida muy distinta de la que llevaban. Nada de celulares, ni periódicos, ni revistas, ni libros, ni mucho menos televisión.

Tendrían que permitirles supervisar sus pertenencias. Les dejarían la ropa y poco más. El resto lo mantendrían a buen recaudo, hasta su salida. Y con respecto a las prendas de vestir, Enma añadió que se temía, por experiencia, que traerían más de las que iban a necesitar.

Helia miró a Inés con cierto temor. Su amiga parecía encantadísima de la vida, así que pensó que todo andaba dentro de lo concertado. A fin de cuentas había sido Inés la que se había encargado de planearlo. Pero un dolor punzante se apoderó de la boca de su estómago y tuvo que tragar saliva para intentar colar por su garganta un imaginario hueso que se había quedado atrapado en mitad de la tráquea.

Los dos personajes eran de lo más extraño. Parecía que les hubieran pintado una sonrisa eterna. No movían apenas un músculo de su cara, por lo que la expresión que tenían era imborrable. De nuevo recordó los dibujos de su infancia. El papá y la mamá con una línea casi recta y muy roja, justo bajo la nariz.

Pronto los conducirían a lo largo de todo el recinto para mostrarles las salas, la cocina, el comedor, el salón de estar.

Dijeron haber puesto mesas circulares para que cada grupo se sintiera plenamente integrado y pudiera charlar e interactuar con todos los ocupantes de la mesa.

En esa sala, por lo visto, habrían de compartir muchas vivencias. Deberían simultanear todo cuanto les pasara por la cabeza.

Llegaron al gimnasio. Inés y Helia se miraron en silencio. En aquel gimnasio no había máquinas, ni *steppers*, ni pesas, ni potros, ni espalderas, nada.

Del techo colgaban unos sacos de cuero rellenos de algo, como los que usaban los boxeadores para entrenar.

Y, al fin, Juan abrió una puerta y les mostró lo que iba a ser su habitación, henchido de orgullo.

Helia miró de reojo a Inés, que estaba con la boca abierta.

Se trataba de un local diáfano lleno de camas.

—Catorce... quince... y dieciséis... —escuchó contar a Inés en voz muy baja.

—¡Dios mío!, yo me quiero ir de aquí —se dijo Helia— esto es una pesadilla.

Les explicaron que había otra idéntica frente al pasillo, para los chicos. Y Helia recordó aquel refrán que dice que el mal de muchos es consuelo de tontos.

Hizo ademán de expresar sus dudas pero creyó que la situación era tan patética que seguro su pregunta le haría pasar por estúpida.

Al fin fue capaz de articular:

—¿Y... los armarios? ¿Dónde están los armarios?

Enma la miró compasiva y, (muy probablemente pensando que su pregunta y ella misma eran estúpidas), respondió que no hacían falta. Todas las camas tenían, a sus pies, un taburete donde colocarían los camisones por el día, y de donde recogerían sus prendas deportivas para ponerse cada mañana.

En las duchas había unos *lockers* con una llave que colgarían de su cuello para sus productos de aseo y para la ropa interior. Pero lo mejor era ver las duchas y así lo comprenderían.

A Helia le temblaron las piernas solo de imaginarse las duchas. Y, aún boquiabiertas, se dirigieron al final del corredor.

Efectivamente, eran tal como Helia las había concebido. Pensó que los que se iban a duchar en Auschwitz sentirían lo mismo que ella en ese preciso instante.

Ambas no hacían mas que mirar alrededor. No habían visto a nadie. ¿Serían las únicas hospedadas en la casa del terror? Juan pareció leer su mente ya que, después de aclarar la voz con un ligero carraspeo, anunció que las conduciría al campo, junto al resto que debían estar haciendo sus ejercicios.

Cuando los cuatro salieron por una puerta a la pradera, se encontraron con dos monitores de pie, que miraban con mucha atención a un grupo de treinta personas, aproximadamente, tumbadas en el suelo boca arriba.

Algunos con los ojos abiertos, perdidos en el vacío. Otros, con los párpados muy apretados. Todos inmóviles.

"Ya está" —pensó Inés apesadumbrada— "Se los han cargado a todos. Ahora sí que han sanado de verdad".

—¡Ahora! —gritó uno de los monitores— ¡Echad fuera de ustedes su rabia contenida! Dejen que se vaya, que fluya y se esparza a su alrededor. ¡Expulsen sus demonios!

—¡Aaaaaaaaaaaaaaaaaahhhhh!

—¡Oooooooooooooooh!

—¡Ayyyy ay ay ay aaaayyyyy!

—¡Iggggggggggggggggggggg!

—¡Treinta y treeeeeeeeeeeeeeeeeeeeeesss!

Todos empezaron a chillar a la vez.

Helia volvió a mirar a su amiga.

Nunca se explicaría el motivo, pero Inés sonreía totalmente reconfortada.

Helia pidió permiso para usar un teléfono. Tendría que informar de que había llegado, pero no se sintió con fuerzas para contarle a su madre lo que acababa de ver. Así que te llamó a ti:

—Paula, ya hemos llegado a Alcatraz...

—¡Ah, genial! —te alegraste de escuchar su voz y ver que aún conservaba su buen humor, aunque notaste que hablaba bajito, como si fuera un secreto— ¿Qué tal está aquello?

—Mira, mira, no me hagas hablar, por lo que más quieras —ordenó ella— Sólo me permiten hacer una llamada, como en las películas a los detenidos. Llama a mi madre y dile que estoy bien.

—...

—¡Y que la quiero! Aunque no se lo diga nunca —lloriqueó.

Te quedaste pensando si iba de broma o hablaba en serio, pero no te dio tiempo a preguntarle porque colgó de inmediato.

Pasados unos días, Enma entró en el lúgubre barracón de las dieciséis camas, como siempre, con la cuchara de acero inoxidable, dale que te pego, a la cacerola de latón:

—Chicaaaaasss... buenos díaaaasss... ¡A levantaaaaaaaaaarse, perezosaaaas!

"¡Qué tipa!" —sollozó Inés en su interior— "Y que no se le olvida, ¿eh? Es que nunca se duerme, la puñetera. Parece la mosca de la siesta".

Desde el pasillo se escucharon los portazos y los aullidos de las celadoras. Luego el correteo hasta la puerta, que se abrió de repente con un brusco golpe.

Curro, en pelota picada, asía su "manguera" y la hacía girar como si se tratara de una cuerda de vaquero:

—Tengo una tranca perfeeeecta. No es una tranca cualquieeeera. Que da leche merengada, ay que tranca tan salada, tolón, tolón. Tolón, tolón.

La primera mañana que Curro había irrumpido en la habitación de las chicas, totalmente desnudo y entonando *La vaca lechera* (con una ligera variación en la letra) todas se escandalizaron y jalearon, entre gritos y almohadazos. Ahora, la procesión de muertos vivientes que se encaminaba hacia las duchas no mostraba la menor expresión.

—Anda, Curro, bonito —le dijo Enma con un rictus entre repugnado y paciente— guarda tu tranca, sol mío.

Inés sacudió la cabeza. Pensó que ese sí que era lo mismito que una piedra en el zapato.

—¡A la duchaaaaaa, vaaamoooos...! —continuó Enma atizando la olla, con su implacable sonrisa.

Inés y Helia se miraron sin entusiasmo cuando se unieron a la fila de *zombies* que arrastraban sus pies por el pasillo en camisón. Pero a ninguna de las dos les salió balbucir un mísero "buenos días" tan siquiera.

"Hoy, sale el gas. Estoy segura. De hoy no pasa que nos atizan un buen chorro de gas y ¡hala, una buena panda de tarados y taradas menos" —vaticinó Helia mientras esperaba a que cayera el agua fría sobre su cara.

Las más cercanas a la puerta ya empezaban a gemir y canturrear grititos neuróticos, cuando la presión del agua les llegó, segundos más tarde, a las alcachofas del fondo.

"No sé para qué esto de la ducha" —trataba de explicarse Inés— "Yo apesto a sudor todo el puñetero día. A ver, ¿quién es la guapa que aguanta el agua congelada el tiempo suficiente para enjabonarse y luego aclarar la espuma? Ni jabón, ni vinagres. Oleré a chunda, pero yo ya me voy afuera, joder".

Se vistieron con sus chándales y se concienciaron de que cumplirían a rajatabla la misma rutina de los eternos diez días anteriores.

Tomaron sus bandejas mecánicamente y se desplazaron a la barra del comedor, donde les sirvieron un vasito de zumo de naranja, dos tostadas con mantequilla con sus correspondientes tarrinas de mermelada de fruta, y la taza de café con leche. O, al menos, eso es lo que parecía aquel brebaje no identificado.

Tras desayunar, se dirigieron a la pradera, dispuestas a dar un largo paseo y a su regreso dar unos cuantos chillidos para expulsar los diablillos internos.

Luego se pasaron media mañana escribiendo en folios sus "patrones negativos".

Inseguridad. Pesimismo. Carencia de autoestima... Helia ya no sabía qué más podía escribir. ¡Le daban siempre tantos folios!

Con frecuencia se esforzaba por leer lo que anotaban los demás, para ver si le daban más ideas.

"Mala leche, que te cagas" Había escrito el calvo con gafas que tenía al lado.

"*Miedo*" (la de detrás).

"*Olor a pies*" el bajito canoso.

"Nací en año bisiesto", ese no podía ser otro que Pitágoras, el matemático.

"Esto no es serio. Lo que no puede ser es cierto" —se decía Helia abriendo y cerrando rápidamente los ojos para comprobar si el escenario cambiaba— "No, no puede estar pasando. No puede ser que esté agotando las vacaciones que me quedan aquí. Sigo soñando, eso es".

Y cuando se cansó de esperar a que la flauta sonara, pudo leer: "*Disfunción de la realidad*".

Lo había escrito la pelirroja que tenía en la mesa situada a su derecha.

"¡Exacto! Lo que me pasa es que estoy viviendo una realidad no existente. Pues lo voy a apuntar, también" —y mordía la lengua, condensando todo su ser sobre la cuartilla y el bolígrafo—. "*Deefff orm aaac ci ón deeee lllla rea lidad*".

Tras apilar los folios y dejarlos frente a ella, debían dirigirse de nuevo al comedor.

Después de comer, volvían a la sala.

Todos los de la mesa se miraban unos a otros. Dispuestos a esperar a que alguien sacara un tema.

Podrían hablar del tiempo o de cualquier otra cosa. Pero no. Jamás en su vida olvidaría aquellas tertulias.

Solían cambiarlos cada día de sitio, para no coincidir con los mismos compañeros de debate, pero no había escuchado ni una sola palabra que mereciera la pena recordar, en todas aquellas combinaciones diarias de grupo.

Tal vez hoy fallaran las estadísticas. De momento, podía darse por satisfecha, ya que a la pobre Inés le había tocado de contertulio a Yuri Gagarin que, sin duda, hoy también les deleitaría con sus andanzas extraterrestres.

Yuri era un pobre muchacho que padecía de agorafobia. Lo habían traído en una furgoneta con los cristales tapados con unas cortinas, y no había salido de allí ni tan siquiera para expulsar sus demonios. Estaba blanco como la pared.

En el grupo de su amiga también estaba la contorsionista vaginal. Una chica a la que su novio había abandonado, después de doce años de relación, por haber decidido "salir del clóset" justo una semana antes de su boda. Debía haber perdido la autoestima o convencerse de que no era capaz de satisfacer el deseo sexual de nadie. El caso es que, tras documentarse sobre el tema, se marchó a Tailandia para aprender de las nativas a usar, como se debía, la innombrable parte y todas las artes sexuales habidas y por haber. ¡Pobre de Inés!, ya que hoy se informaría sobre el tema, excesivamente, a su entender.

—Aprendí a escupir nueces con mi chochito. Mi maestra sabía abrir botellines... También sé sujetar un plátano mientras lo pelo —se enorgullecía la chica.

—¡Ah! —respondía pacientemente Inés— ¡Muy práctico! A veces faltan manos, no creas...

Helia observó a sus compañeros. Puede que esa vez alguno pudiera abordar un tema, al menos no tan rocambolesco como los de los días anteriores.

—Me están vigilando —dijo la primera— Están ahí escondidos y no paran de mirarme.

—¿Cuántos años se creerá que tiene? —preguntó un segundo sin molestarse en averiguar si alguien le escuchaba—. ¡Liarse con un amigo del chico! ¡Mala onda!

—Si me pongo de parte de ella, malo. Pero si se me ocurre defenderlo a él, ya la hemos armado —el tercero, muy jovencito, se golpeaba la cabeza con toques leves.

La cuarta se balanceaba adelante y atrás.

—No nos sobraba el dinero pero la vieja me llevaba a la cabalgata de Reyes. ¡Vaya una mierda!, y siempre me decía: "¡Ay, hija, se les ha caído un regalo!, seguro que lo han roto. Lo mismo le pasó al tuyo..." Y luego todas aquellas muñecas espantosas, sin brazos, a veces sin una pierna, con ojos huecos, despeinadas y desnudas... ¡Las que las vecinas tiraban a la basura! Casi mejor hubiera sido que me dejaran en el orfanato. Esa no era una abuela. ¡Era una venganza!

—Sobran dos sillas —el quinto, Pitágoras, parecía estar calculando siempre todo— sobran dos sillas y faltan tres cucharas. Seiscientos veintisiete por veintidós son trece mil setecientos noventa y cuatro...

—¿Lo ves? —dijo una chica morena, arrugando la nariz y olfateando por todas partes.

—¿Qué? —contestó un muchacho que no dejaba de morderse las uñas.

—¡Que ya huele a pedo! —respondió ella.

—Yo no huelo a nada —se atrevió a decir Helia.

—¿Cómo no va a oler? ¿No se dan cuenta de la peste? Ya se lo dije, ya se lo dije... —y comenzó a estirar su camisa enérgicamente sobre el pantalón, como si quisiera llegar a cubrir los tobillos. Y mientras lo hacía, miraba a un lado y a otro, supuso Helia, que para comprobar si alguien más se había percatado del hedor.

—¿A quién se lo dijiste? —dijo el calvo de gafas, el de la mala onda.

—A mi psiquiatra, se lo dije —asintió ella con firmeza— Tengo una enfermedad. Me tiro pedos sin parar, no puedo remediarlo. Es una ventosidad tan leve que no pue... —y cerró los ojos, apretando los puños— que no puedo apretar para que no salga. Salen sin cesar, y sin que yo pueda evitarlo... todo el rato... todo el rato... todo el rato...

El chico que se mordía las uñas se las había sangrado. Ya no había más uña que morder y se dedicó a tirar con sus dientes de un padrastro, miró a la chica morena y le preguntó:

—¿Y qué te dijo?

—¡¿Quién?! —preguntó ella sobresaltada, casi abalanzándose sobre él, como si le hubiera sorprendido que el chico le escuchara.

—Tu psiquiatra —respondió el muchacho como si tal cosa y sin dejar de mirar su dedo.

—Me dijo... me dijo... tú, bájate los calzones y pon el culo delante de mi cara, anda. Y yo le dije no, no, por favor no. Y él... que sí, anda... que sí... Y lo hice —agitó su cabeza afirmando— Y luego él me dijo: ¿Lo ves? ¿Tú crees que yo me prestaría de voluntario para oler tus pedos?

—...

—¡El muy cabrón! —volvió a tirar de su camisa frenéticamente— ¡Se tragó un pedo de los gordos! ¡Que se fastidie! Ya no vuelve a verme el... el... el culo, por la consulta...

Helia observó con detenimiento al muchacho más que nada para esperar su respuesta. Sus manos tenían miles de pequeñas quemaduras. Circulares y todas idénticas, como si fueran de cigarro. Y en los brazos cortes simétricos y profundos. Algunos con costra. Pero no dijo nada. Se deleitó mientras observaba cómo un hilo de sangre se vertía dedo abajo.

—Yo seguro que tengo eso —dijo el joven que se daba golpecitos en la cabeza—, porque a veces huelo muy mal...

—Seré yo —dijo la morena seriamente.

—No, no. Lo digo porque huelo mal cuando tú no estás. En realidad se me contagia todo. Soy contagiante.

—Hipocondríaco —corrigió el calvo de la mala leche— Será eso.

—No, hipo no tengo —negó el muchacho.

—Tiene ochenta y tres años —dijo otra mujer de mediana edad— y la llevé al neurólogo porque duplicaba el medicamento que se tenía que tomar. No se acordaba si se lo había tomado. Y me llamaba a las cinco de la mañana, la hija de su madre, para preguntarme cuándo me iba a dar la gana de aparecer por casa para visitarla. O repetía mucho las cosas. ¡No había quien la aguantara!

—¿A quién? —preguntó Helia que aún parecía no haberse enterado de que era mejor permanecer con los labios sellados.

—A mi madre.

—Ah, a mí también se me olvidan mucho las cosas —volvió al ataque el hipocondríaco.

—Entonces la cojo un día y la llevo a la consulta —continuó la mujer— Exactamente el tres de mayo del año pasado. Él pregunta: "¿Cómo se llama?", y ella responde: "María Eugenia Pardo Mahíllo" y él dice "Muy bien, señora, ¿cuántos años tiene usted?" y ella le suelta: "Cuarenta y uno". "Vale, María Eugenia y, ¿a qué día estamos hoy?". Y ella contesta: "A veinticinco de enero de mil novecientos sesenta y nueve".

—¡Órale! El hombre toma el bolígrafo y un volante y le dice: "Bien, María Eugenia, voy a mandarle unas pruebitas". Y ella le grita: "Pero, ¿es usted idiota o qué?, ¿me está tomando el pelo?, ¿me ha preguntado como me encuentro o lo que me pasa? No, me pregunta tres idioteces y se queda tan contento".

La mujer se retiraba el cabello de las mejillas, con ambas manos:

—Y yo le digo "Mamá, en casa no puedes quedarte. Tenemos que contratar a alguien o te tienes que ir a un asilo. ¡Tengo marido y siete hijos, por el amor de Dios!" Y ella arreándome en la cabeza, cada tres por dos, que le tenía secuestrada una secta y que le echaban humo por las paredes.

—Cada dos por tres, no cada tres por dos, señora —vuelve a corregir el calvo.

—¡Seis! —gritó el matemático.

—Y ahí la tengo, ¡jódete y baila, Juliana! Y, ¿ustedes la ven por aquí?, ¿eh, la ven? Pues no. Aquí la única que está es la servidora de ustedes —se golpea repetidas veces en el pecho— que está sí, que echa humo pero ¡por las orejas!

La siguiente visita obligada era al gimnasio.

Los monitores, siempre sonrientes, les explicaban (como si del primer día se tratara) que debían adherir con papel de celofán sus patrones negativos al saco de boxeo. Después de esto tenían que tomar cada uno su palo y emprenderla a golpes con él. Era el único modo de luchar contra dichos patrones y vencerlos para siempre.

Luego venía la fase dos. Esa en que todos se concienciaban de que eran así porque nacieron de sus padres y porque ellos los habían educado de esa manera. Por tanto, a ellos les debían los patrones negativos. Lo que llevaba a deducir que los padres eran, en sí, la base de sus patrones negativos.

Entonces, cada uno tomaba su palo y volvía a golpear al saco gritando, llorando, riendo o como le diera la real gana. Vomitando su rabia contra uno, otro, o ambos progenitores.

Helia se quedaba inmóvil, mirando aterrada a su alrededor.

—¡Toma, hija de Satanás! ¡Me estás tocando las pelotas! ¡Me las tocas constantemente! —gritaba uno.

—¡Me cortabas el pelo como una marimacha! —chillaba otra— ¡Me estabas castrando!

—¡Putero de mierda! —desde el fondo llegaban los alaridos—Y yo usando tu toalla. ¡Y vas y me pegas las ladillas!

—¡Me da lo mismo que no quieras ir al geriátrico! —la mujer que les había contado su historia en la mesa— ¡O al geriátrico, o a La Almudena, y yo a Carabanchel!

—Toda la vida cuidando de ti, vas te mueres y resulta que ¡tenías hijos con otra, hijo de puta! —lloraba otra joven muy rubia y blanca, casi albina— ¡Seis hermanitos putativos que me deja el muy cabrón! ¡Y todo para repartir, ay que joderse!

Cuando el monitor la miraba, Helia daba dos o tres golpes al saco pero tan pusilánime que resultaba muy poco convincente.

Gracias a Dios, había llegado allí con Inés y su amiga estaba tan cuerda, o "tan loca, pero no tanto", como ella.

Pero en aquel instante en que aquellos pensamientos tuvieron lugar en su cabeza, dirigió la mirada a su amiga.

Inés babeaba como un perro rabioso. Tenía la expresión en el rostro de una psicópata asesina. Los ojos de la chica salían fuera de las órbitas, tenía la mandíbula completamente desencajada y berreaba como una desquiciada:

—¿Y a mí que chingados me importa a como estén los putos tomates? ¿Qué me importa que te hayan subido la comunidad y que no te llegue con la jodida pensión? ¿Es que no ves que se me está cayendo el pelo? ¿No te has dado cuenta de que peso cuarenta kilos? ¡Inesín, me debes el Santo Entierro, Inesín, que no me llega a fin de mes! —simuló tener una tontorrona voz— ¡Ya sé que te debo el último recibo! ¡Joder, cómo me gustaría utilizarlo a ver si te pierdo de vista para siempre! ¿No me ves llorando porque no encuentro sitio para vivir? ¿Es que encuentras lógico que Inesín llore por el tráfico, como una subnormal?

Helia se sobrecogió. Inés había perdido la cabeza por completo.

"¡Dios mío!, esto es grave" —se alarmó— "muy grave. Tenemos que salir de aquí a toda prisa".

E inmediatamente después levantó el dedo hacia el monitor:

—¿Perdone...?, perdone...

—¿Sí? —sonrió él.

—Mire, es que yo... es que yo no le veo a esto la... —tartamudeó— Que yo no creo que con estos palos que estamos dando nos vayamos a curar —alzó la cabeza, orgullosa de haber sido capaz de terminar la frase.

—Huy, huy, huy, huyyy... —el monitor forzó aún más su sonrisa, moviendo el dedito— Yo creo que tú tienes el patrón de la desconfianza y del escepticismo.

—Pues... pues puede, pero es que yo... —trató de continuar Helia.

—Cópialo. Cópialo en un folio y pégalo en el saco —ordenó él a toda velocidad.

—No. No. No lo pienso copiar —movió la cabeza de un lado a otro y notó cómo su labio superior sufría convulsiones— Yo lo que quiero es largarme. Eso quiero.

El monitor dejó de sonreír y se encaminó pausadamente hacia Helia.

Helia notó que, además del labio, uno de sus párpados no paraba de temblar y visualizó la imagen de tarada que debía estar dando frente a aquel pobre chaval que seguía moviéndose a cámara lenta como si su vida peligrara al dar un paso en falso que acortara distancias con ella.

—Llama a Enma —sacudió la mano en dirección al compañero-monitor más cercano, pero sin dejar de observarla. Al fin llegó a agarrarla por los hombros— Mira, creo que debes calmarte un poco y pensar en que estás aquí para sanar.

"Sana, sana, culito de rana...", pensó Helia, al tiempo que negaba con la cabeza:

—No, no. No quiero calmarme. Bueno, de hecho, estoy muy calmada.

El chico acarició sus brazos.

—¡Esta calma me está matando! —gritó mientras notaba que el parpadeo era imparable— Si no cura hoy, curará mañana...

Helia se encogió de hombros y puso las palmas de las manos mirando al cielo. ¿Había dicho eso en voz alta? ¿Le había cantado el "Cura sana, culito de rana" a aquel tipo?

La pelirroja paró de dar golpes, miró el corrillo formado por los monitores y Helia y empezó a chillar con vehemencia:

—Quiero un cigarrooooo, Enmaaaaa. ¡Maldita hiena! Dadme un cigarrooooo.

Enma, escoltada por Juan, irrumpió en el gimnasio como una exhalación. Era la primera vez que los veía sin su sonrisa pintada. Venía mirando a Helia, pero de repente salió disparada hacia la pelirroja y comenzó a mecer su pelo y, rodeando sus brazos con los suyos, le dijo al oído algo indescifrable.

—Me da la gana, no me importa —chilló la pelirroja— ¡Pues quiero tener unos pulmones haciendo juego con mi puta olla!

Juan se volvió hacia ellas e intentó, igualmente, calmar a la chillona.

Enma continuaba canturreando cositas en voz muy baja, él asentía y ella los apartaba de sí, dando manotazos al aire, como si estuviera espantando abejas.

—¡No quiero! ¡No me da la regalada gana! —bramó— ¡Vaya unas vacaciones de mierda! ¡Aquí no se coge, no se bebe, no se fuma..., déjame!

Curro (que había estado muy calladito, presenciando la función) pensó que a él no le suponía el menor inconveniente "sacrificarse" para satisfacer una de las necesidades biológicas que había citado la pelirroja. Así que, ni corto ni perezoso, agarró, con ambas manos, su polo por el bajo y al despojarse de él por la cabeza, lo hizo bailar en círculos entonando los acordes del famoso *Streaper* de David Rose:

—*Chananá, chanananá, chananá, chaná-nananá..., chá, chaná, chá, chaná, chá, chaná, chá, chaná. Chanananiano, chaná, na na na...*

Helia, aprovechando la confusión, tomó de la mano a Inés y ambas salieron disparadas hacia la puerta de salida.

—No salgan de la nave —les gritó Yuri— la atmósfera es insoportable ahí fuera. ¡Se desintegraran!

Un monitor y Juan corrieron tras ellas.

—¡Esperen! —gritó Juan— ¡No es conveniente abandonar el tratamiento sin haberlo terminado!

—¡Que les den por el culo, Juan! ¡A ti y al tratamiento! —gritó Inés y, tomando aire mientras se ponía la mano en el pecho, agitada por la carrera, se dirigió a Helia— ¡Qué emocionante, nena! ¡Es la primera vez que me escapo de un sitio!

Helia pensó que era un cacho de carne con ojos y la miró perpleja.

—¡Qué bonito paisaje! ¿Verdad? —a Inés le tembló la voz mientras corría y se le iluminó la mirada con un brillo especial.

Helia miró al cielo intentando hallar consuelo divino.

No tenía celular, ni bolso, ni dinero, ni identificación. No llevaba puesto mas que un chándal del Carrefour llenito de lamparones. Eso sí, fácilmente identificable. Si alguien decidía buscarlas las reconocería cuando hallaran la prenda tirada en la cuneta, probablemente manchada de sangre y con una decena de buitres sobrevolando sus escasos centímetros de masa corporal.

Porque, por lo que se refería a la materia gris, la habían perdido ya casi por completo. Sobre todo, la pobre Inés.

J, DE JUGARRETA

Algunos se equivocan por temor a equivocarse.
GOTTHOLD EPHARAIM LESSING

Cuando todo el mundo está loco, ser cuerdo es una locura.
PAUL SAMUELSON

LLEVABAS MUCHO TIEMPO INTENTANDO QUEDAR con Jerónimo pero, por uno u otro motivo, se te echaron encima dos o tres meses sin llamarlo.

Él, como siempre, no había hecho más que relatarte sus últimas experiencias, sexuales (¡cómo no!) con las mismas taradas de siempre, pero con distintos nombres.

—Jerónimo, tienes que sentar la cabeza de una vez —encendiste un cigarrillo mientras él bajaba el volumen del televisor.

—¡Qué dices! —te miró como si fueras una alienígena— ¿No serás igual que mis tías en las bodas, no? Cuando un primo mío se casa, me dicen: "A ver si tú eres el siguiente". Han dejado de decirlo, porque cada vez que vamos a un entierro yo les digo lo mismo: "A ver quién va la próxima".

—¿No te cansas? —preguntaste, aún riendo de su ocurrencia.

—¿De qué? —se hizo el digno— ¿De ir a bodas o de ir a entierros?

—De acostarte con todo bicho viviente que se te plante enfrente.

—No, hija, no —sonrió como un rufián— de eso no me canso nunca.

—Pero, ¿no te apetece conocer a alguien que verdaderamente merezca la pena y salir con ella en serio? —insististe tú.

—Pufff... —miró al techo— a veces... pero enseguida se me pasa, afortunadamente.

—Tengo que presentarte a una amiga... —se te iluminaron los ojos solo con pensarlo.

—¡Ni hablar, ya he pasado por eso! Esas hembras son más peligrosas que una piraña en un bidé. Estoy harto de que las mujeres y las novias de mis amigotes me presenten a tetas con las que no tengo nada que ver. Citas a ciegas que por lo general terminan en eso mismo: en pillarse un ciego de esclavo y darse unos cuantos restregones en el asiento trasero de un coche...

—Pero ésta es muy especial... —intentaste convencerlo.

—Lo mismo me dijo Amanda de una amiguita suya y aún no me he repuesto de aquella experiencia. ¡Brrrrrrrr! —simuló un escalofrío— ¡Pasé más miedito que el padre Karras!

—¿Amanda? —te extrañaste de que tu amiga fuera capaz de tener un detalle así con otra de sus amistades.

—Amanda, sí.

—Pero, Jero, ¿nuestra Amanda? —volviste a fingir admirable asombro— ¿Qué intención tenía? ¿Vengarse de ella?

—O de mí, según se mire —te respondió él— Ella me dijo que a esta chica yo le iba a parecer un sonso muy poco digno del menor interés. O sea, que no tenía que tratar de conquistarla ni llevármela al asiento trasero porque no lo iba a conseguir ni sarta de patadas. Es decir..., no entendí palabra, solo que tenía que salir con ella y ser yo mismo.

—¿Quién era? —te interesaste tú.

—¡Yo qué sé! —se encogió de hombros— ¡Ni me acuerdo de su nombre!

—¿Y qué pasó?

Jerónimo se levantó para apagar la televisión y poner un CD en la cadena de música. Phil Collins cantaba "Hold on, my heart" mientras te narró la historia.

Como Amanda es tan egoísta, quedó con él y su amiguita en un antro pero a última hora se rajó y lo llamó al celular para avisarles que le había surgido un imprevisto pero que continuaran sin ella.

Ya te extrañaba a ti que Amanda fuera capaz de ayudar a una amiga hasta el final. Si le venía de paso, vale, pero si le iba a suponer un esfuerzo extra, mejor salir volando y encomendarle la tarea al destino.

Tu amigo confesó que aquella "elementa" resultó un fiasco. La había descrito como la chica más rara que había conocido en su vida. Alta y muy flaca: "Nada por delante y nada por detrás, como la tabla de la plancha".

La noche le había salido de lo más surrealista. Y para muestra, Jerónimo te contó de qué trató la charla que mantuvieron durante gran parte de la cena: del caracol.

—¿De qué caracol? —te acercaste a la cocina para servirte una cerveza.

Y Jerónimo dibujó con su brazo derecho un imaginario círculo en el aire y, dándose importancia con el gesto, categorizó:

—Del caracol en general.

El caracol era hermafrodita y eso suponía un rollo gay. Porque es mujer y hombre al mismo tiempo y, claro, no tiene que complicarse demasiado en procurarse un ligue por las noches, porque ya lo lleva incorporado. Luego está lo que se ahorran los caracoles en papeles de adopción, o en inseminaciones artificiales porque un caracolito que no se hubiera comido un rosco en su vida, podía ser madre, o padre, cuando le viniera bien. Eso, sin hablar de la autoestima tan alta que debían tener los caracoles. Tenían que quererse muchísimo, ya que en las parejas, un tema de discusión muy frecuente es la educación de los niños y el caracol no tiene ese problema.

—¡Vamos, que me hizo un trabajito oral de los buenos! —carcajeó él a mandíbula batiente.

La conversación podría haberse extendido hasta la madrugada con preguntas de tipo: ¿pondrán huevos, o son mamíferos?, pero Jerónimo calló al mismo tiempo que pensaba que lo de mamar con el caparazón resultaría más incómodo que hacer el amor caminando. Al mismo tiempo, tú pensaste que tu amigo no podía dar siempre con chicas estupendas. Entre tantas conociera, tenía más posibilidades de encontrar un bicho raro. Y aquélla, desde luego (y para hacer uso de sus mismas palabras), era tan "delirante como ir de rebajas con la Gunilla Von Bismark".

Pero estabas convencida de que tú sí acertarías. Jerónimo era mono y, además, divertido. Helia estaría encantada de quedar con él. Hasta su forma de hablar era graciosa. Ese modo tan suyo de expresarse y hacer símiles y metáforas burlescas.

Tan pronto como llegaste a casa, llamaste a tu amiga. Decidiste ocultarle parte de la información. Sólo te citaste con ella al día siguiente en esa terraza que había casi al lado del teleférico en el Paseo de Rosales.

Tú cobijaste tus ojos, bajo la sombra de tu mano, y miraste a la lejanía. En cuanto la divisaste no pudiste evitar acordarte de la madre que parió a Panete.

Jerónimo se interesó por tu blasfemia y tú contestaste que te habías acordado de repente de un anuncio: "Con Carrefour, es posible".

Jerónimo prefirió no preguntar de nuevo, desconocía a santo de qué iba todo aquello. Sabía que, a pesar de la experiencia que tenía con las mujeres, aún estaba en la edad de piedra con respecto al tema.

Cuando ellas se disponían a hablar, sobre todo de sentimientos, él abría mucho los ojos y prestaba toda la atención que podía. No quería perderse un detalle, una palabra, una letra. Pero ni con ésas. Al final no se enteraba de la mitad de la misa. Que era bestia de narices lo sabía, pero cada vez estaba más convencido de sus limitaciones intelectuales.

Un ser extraño, de esquelética figura (casi transparente) se acercaba hacia ustedes. Vestía un chándal compuesto de unos pantalones y una camiseta de manga corta, en la que, en una esquina, había una pequeña imagen serigrafiada de las Supernenas.

El pelo corto, asimétrico del todo, con mechones que se apartaban de su cara. Otros despuntaban al cielo y otros mesados contra las sienes. El flequillo desdentado apenas dejaba ver el ámbar de unos rasgados ojos en forma de avellana.

Caminaba como un golfillo. Elevaba la parte interior de los brazos ante el cielo, como si estuviera esperando recibir un regalo divino que habría de caerle desde las estrellas y los sorteaba, arriba uno, y abajo el otro, doblándolos ligeramente por los codos, al mismo tiempo que balanceaba sus rectilíneas y frágiles caderas.

El ente paró en seco para examinar la suela de su chancla. Tenía toda la pinta de estar comprobando si había pisado un chicle.

Y llevaba algo en la mano derecha. Algo invisible que no paraba de manosear.

—¡Ay, Dios! —se le escapó a Jerónimo reconociendo ese gesto— ¡No puede ser! Tenía que habérmelo temido...

Esta vez fuiste tú la que pareció haberse perdido algo y lo miraste extrañada.

—Holaaa —canturreó Helia sin disimular su asombro al ver a tu amigo.

—¡Tú! —Jerónimo miró a "la cosa" contrariado— esto...

—¡Helia! Mi nombre no es común, no te preocupes, es normal que lo hayas olvidado —sonrió— Pero, ¿tú qué haces aquí? —y te miró buscando una explicación.

Jerónimo se encogió de hombros y te miró también.

—¡Ah! —correspondiste a la mirada de uno y otro— ¿Se conocen?

—Pues ya ves —sonrió Helia— ¡Nos comunicamos poco con Amanda últimamente!, ¿eh, Paula?

Tú deseaste que la tierra se abriera en dos y los tragase a todos en ese mismo instante, pero Jerónimo, por cuyo pensamiento hubieras entregado tu alma al diablo, les preguntó si les apetecía tomar algo.

Aprovechaste que éste adelantó su brazo al tuyo para pellizcar el brazo de Helia y llamar su atención sobre la facha que llevaba. A lo que ella contestó, de voz en grito, que nadie le había hablado de ir a Lhardy.

Cuando tomaron sus asientos en la terraza, tú no paraste de hablar de cualquier cosa. Jerónimo intentó ser amable durante todo el rato. Y Helia continuó jugueteando con la tira de celofán entre sus dedos.

Tomaste un limón granizado tan velozmente que te quedaste con todo el hielo en mitad del vaso y (para una vez más no tener nada que echar en cara a Amanda) te precipitaste a mirar tu reloj y gritar:

—¡Ay, Dios mío, qué tarde! Los voy a tener que dejar...

—¡Ah, qué lata! —se mofó Helia— ¡Con lo bien que lo estábamos pasando!

—¡No! —no pudiste evitar el bramido— no hace falta que se vayan. Ustedes se quedan.

Jerónimo te miró con cara de horror y buscó tu pie por debajo de la mesa para pisarlo con vehemencia.

Tú respondiste a su pisotón con otro, clavando mucho tu tacón sin dejar de sonreír:

—¿Verdad, Jerónimo, que te puedes quedar y acompañar a Helia?

—¡No! —esta vez el grito se le escapó a Helia— vamos, que... otro día quedamos, si...

Helia también estiró mucho su pierna para patear la tuya enérgicamente, pero el que dio el salto y dejó sonar una disimulada tos fue él:

—Ya que estamos... —sonrió forzadamente— hace una tarde muy agradable, la verdad —e hizo un descomunal esfuerzo por no limpiarse las gotas de sudor que amenazaban con derramarse por su frente.

Cuando abandonaste el bar, no pudiste imaginar que los dejarías mudos, durante una eterna media hora, tras la cual

Helia puso fin a la cita, exponiendo su intención de marcharse. Él se ofreció a acompañarla a casa. Ella rehusó la propuesta. Ambos forcejearon y al final se marcharon juntos.

No se dirigieron la palabra durante todo el viaje. Una vez en el portal, y aprovechando la buena suerte de haber estacionado en la misma puerta, Jerónimo se atrevió a preguntar:

—¿Puedo subir un rato?

Helia lo miró sin inmutarse y del mismo modo le contestó:

—Si quieres...

Subieron. Helia abrió la puerta y avanzó por la entrada, como si él no estuviera. A los tres pasos, giró en seco:

—¿No pasas? —se dirigió a él como si fuera una insignificante hormiga.

—Sí... sí, claro.

—Ésta es la sala, acomódate, yo voy a darme una ducha —anunció ella.

Jerónimo se dispuso a sentarse en el sofá y, al hacerlo, le extrañó ver un agujero en la pared de enfrente. Un agujero enorme, del tamaño del contorno de la sala.

Era como si hubieran demolido todo el muro, salvando las esquinas. Quedaba un contorno de unos quince centímetros de ladrillo. En el suelo había varias bolsas de basura, llenas de escombros.

—¿Estás haciendo obra? —gritó al vacío.

—¿Qué? —chilló una voz que salía debajo de la regadera.

—¿Que si estás haciendo obra?

—¡Ah!, bueno, una pequeña reformita —vociferó.

Volvió a mirar la sala. Había muchos cuadros de colores muy vivos, casi planos. Y un mueble estaba lleno de fotografías enmarcadas. Tenía una pecera con peces de color naranja.

Reconoció, con pesar, que no tenía mucha cultura artística. Por tanto, no era buena idea hablar de los cuadros. Seguramente haría el ridículo, confundiendo a Picasso con Miró y a Botero con Velázquez. Eso, sin hablar de corrientes. No recordaba los estudiados términos realistas, impresionistas, renacentistas, o cubistas... Todos le parecían grupos o bandas de la movida de los ochenta.

Mucho mejor centrarse en las fotografías. Le llamó la atención una, sobre una mesita, situada a su derecha. Dos niñas posaban frente a una tarta de cumpleaños, con cinco velitas encendidas. Una, monísima, regordeta, rosadita y rubia, muy repeinada, lucía unos pendientes de plástico de colores vivos. La otra, flacucha pero también muy bonita, llevaba un par de trenzas totalmente deshechas, tenía un ojo morado y los cachetes manchados de chocolate.

Miró otra. Una Helia —muerta de la risa— era llevada a hombros de un chico que tenía el cómico gesto de estar haciendo un exagerado esfuerzo por sostenerla.

Pensó Jerónimo que, seguramente, pesaría diez kilos más de los que debía pesar ahora. Pero no estaba gorda —ni mucho menos— y además, estaba guapa. Su largo cabello rubio ceniza ondeaba al viento. Y sus ojos tenían un brillo que él no hubiera sido capaz de reconocer en la misma persona.

Quizá fuera la foto, o tal vez el que dos viejas amigas (Amanda y tú) hubieran pensado que podían encajar, el caso es que en aquel momento se le ocurrió que debía hacer algo para intentar seducirla.

Lo de quitarse la camisa no le fallaba. Cuando él mostraba su pecho al descubierto, cualquier mujer se le tiraba a los pies. Se la quitó y la puso sobre un brazo del sofá. Se sentía acomodado en la cama de un faquir, a pesar de que el sofá fuera amplio y bastante cómodo.

La ducha había dejado de sonar y él volvió a colocar el marco en su sitio a toda velocidad.

Al minuto, Helia se materializó en el marco de la puerta.

Su pelo estaba empapado y llevaba una pijamita de pantalón corto y camiseta sin mangas, con unas pantunflitas rosas.

Jerónimo opinó que no se trataba, precisamente, de un camisón de satén. Y, mirándolo más detenidamente, se fijó en que la etiqueta del pantalón la llevaba a la altura del ombligo.

Era la única mujer que conocía capaz de ponerse dos veces al revés la misma prenda. Lo de atrás delante, y lo de dentro fuera.

—¿Tienes calor? —le preguntó Helia al verlo de aquella guisa y, sin esperar su respuesta, se dirigió apresuradamente hacia una cómoda.

Cogió un mando y presionó un botón:

—¡Ponte el aire acondicionado, hombre!, como si estuvieras en tu casa.

Colocó el mando sobre la camisa y volvió hacia la puerta.

—Eh...—la detuvo Jerónimo— Esta fotografía..., de estas niñas. ¿Quiénes son?

—Paula y yo —respondió.

—¿Cinco velitas? —se sorprendió él— ¿Tanto tiempo hace que...?

—Sí —se giró de nuevo ella— Íbamos al colegio juntas.

—¿A que adivino quién es quién? —intentó seguir la conversación.

Helia volvió a darse la vuelta para mirarlo de un modo casi insolente y se cruzó de brazos para esperar la videncia.

—La gordita emperifollada es Paula —sonrió él— y la flaquita de los cachetes embarrados eres tú.

—Pues no has dado ni una, hijo —Helia volvía a encaminarse hacia el pasillo y gritó— es exactamente al revés.

Jerónimo escuchó los pasos de la chica y puertas que se abrían y cerraban.

—Al fondo del pasillo está la cocina —le oyó decir al "ser"— En la nevera hay jugos, refrescos y alguna cosilla de picar. Lo dicho, como si estuvieras en tu casa. Yo ya me voy a la cama, que estoy acabada.

Se cerró otra puerta, el cerrojo, otro cerrojo, uno más y... ¡otro! Y ya no se escuchó nada más.

Jerónimo se quedó inmóvil en la cama del faquir. Sin más compañía que el control del aire acondicionado y la de todos aquellos cuadros y fotografías.

En apenas un segundo una mata de pelo se abalanzó sobre él. Se sobresaltó y a pesar de intentar callarlo, un gemido se le escapó del alma.

Era un gato atigrado. Se le había erizado el pelo y con el rabo tieso le había mostrado unos hermosos dientes, emulando el sordo silbido de una serpiente cascabel. ¿De dónde habría salido ese bicho?

Eso terminó de animarlo a salir de allí cuanto antes y a concluir que en esa casa no era bien recibido.

Una vez salió de la casa y, mientras esperaba el ascensor, se escucharon los cerrojos, la puerta que se abría desde el interior, y una voz trémula que rompía el silencio reinante con un susurro:

—¡Gaaaatooo! ¡Gato, ven aquí!

Bonito modo de llamar al animal el que tenía la hermafrodita.

Inés, al día siguiente, escuchó el mensaje en la contestadora. Helia tenía la manía de contar, rápidamente, todo lo que llevara en la cabeza, tan pronto como sonase el timbre del aparato: "*Tienes que venirte a casa. Hago comida, descongelo unas croquetas de mi madre. Te tengo que contar la última. Creía que después de lo de la granja, ya nada más podía sorprenderme. Pero la pedorra de Paula se me presenta ayer con Rocco Siffredi y me lo encasqueta para que se venga a mi casa. Esto podía haberlo esperado de Amanda, pero ¿de Paula? Cada día están más locas todas. Sí, hija, sí. Aquí estaba yo, con los ojos como platos, y con el abrecartas en la mano temiendo que el imbécil ese echara abajo la puerta de mi habitación. Encima conozco... ¡conocemos! a ese tipo. ¿Te acuerdas de...?*"—eso le había dicho, y después se cortó.

Inés tardó exactamente medio segundo en descolgar y llamarte antes de responder a su mensaje. Una vez le aclaraste que se trataba de tu amigo Jerónimo, ella se echó a reír y te colgó sin decir nada más. Te quedaste pensando en si le había hecho gracia el nombre. ¡Pobre Jero! ¡El de su madre debió ser un parto difícil!

Así que telefoneaste inmediatamente a tu amigo y quedaste con él en "El guarro", que era el café de la esquina de su casa. Así lo llamaba.

El propietario del bar que, palillo en boca, acababa de descorrer el cierre, los saludó mirando el reloj:

—No por mucho madrugar, te ayuda Dios, como dice el refrán.

—Y, como dice Mariñas, cállate, Carmele —le contestó Jerónimo— y ponnos dos cafetitos, anda.

—¡Mihail! —gritó el gordinflón hacia la cocina.

Jero se sorprendió al ver al rumano:

—¡Anda qué guapo, Pepe! —exclamó— si tienes un becario y todo —y volviendo a dirigirse a ti, te dijo— Amanda ya me había presentado a esa joya, prima. Ya te lo dije, ¡la hermafrodita, mujer!

Tú solo resoplaste.

—¡Pues sí que conoces bien a nuestra amiga! —sonrió— Amanda me dijo que seguro que le iba a gustar, pero lo que pasaría es que le daría pereza. "¿Pereza de qué?", le pregunté yo, y ella me dijo: "Pereza de todo". "¡Pues qué fácil va a ser tirarse a tu amiga!", dije yo. Y ella: "¿Alguien te ha dicho que te la tires? ¡No! Tienes que salir con ella pero no demostrar mucho interés. ¡Las manos quietitas en su sitio, tono!" Y yo, insistiendo. "¿Salir con ella pero no hacerle ni puñetero caso?". Y ella: "¡No! Salir con ella y ser tú mismo".

Te reíste y volviste a quedarte muda.

—Gracias, Serguei, majete —le dijo al rumano cuando les trajo los dos cafés.

—¡Que no se llama Serguei, tío! —le empujaste tú.

—Para venirse a Madrid a aguantar al Pepe, hace falta "ser gay" —aclaró él— pero gay perdido, tonta.

Volviste a reír de su chiste:

—Y, ¿qué pasó aquella vez?

—Me presento en el antro y hay solo dos chicas sentadas ante una mesa. Se empezaba a alargar la espera, así que decidí acercarme a ellas para preguntarles si alguna era Helia. Las dos eran igualitas, casi como dos gotas de agua, igual de flacuchas y de blancas, sólo que una un poco más rubia, la que se presentó como Helia. Ambas se quedaron sin tira de celofán y empezaron a rebuscarse en los bolsos de una y otra. Hasta llegué a pensar que eran adictas y que se ponían con el pegamento de la parte adhesiva. Luego, me obviaron por completo hablando de sus cosas, sobre todo de medicinas que a una le secaban la boca y a otra le daban muchas ganas de hacer pis. Se intercambiaron unos botes que llevaban en unas bolsas. Amanda me llamó al celular para decirme que no venía y me pidió que le pasara el teléfono a Helia, así que la otra, la que no era Helia, cogió mi celular y se puso a frotarlo con su camisa, dale que te pego, que me lo dejó más limpio que los chorros del oro. De repente, la otra, —Jerónimo condujo su mano hacia un lado— la que hasta aquel momento había sido Helia, dijo "bueno que yo me voy, que estoy harta, que tengo mucha hambre. Que yo no soy Helia, que es ésta" y se largó. Ella, sonriente, dio una palmadita en plan cotorro y dijo: "Sorpreeeesa".

La imitó y, al hacerlo, pareció afeminado, tanto que a ti te hizo reír.

—Nos fuimos a cenar —continuó recordando— porque yo había reservado. Ella comió rapidísimo y dejó casi todo. Mantuvimos una conversación de besugos, sobre caracoles, ya te conté. Y, después de cenar, yo le dije que podíamos ir a tomar una copa a otro sitio. Ella contestó "no, mira, mejor nos la tomamos aquí, porque así no tienes que mover el coche, que se estaciona fatal en todas partes". Y cuando llegaron las copas, ella se bebió la suya de un trago y me dijo que le había sentado fatal y que se marchaba a casa. Insistí en acompañarla hasta el portal. Me dejó, no me dirigió la palabra en todo el camino y cuando llegamos a su casa me dijo: "Es aquí. Ya te puedes marchar. Yo casi no paro en casa, así que es mejor que tú me des tu número y yo te llamo, ¿vale?".

Jerónimo paró de hablar. Y tú seguiste repitiendo mentalmente la frase "conversación de besugos, sobre caracoles", ahí te habías quedado.

Y el video de la cabeza de Jerónimo rebobinó las imágenes desde aquel instante. Helia (de pie, al lado del coche) le había dado un billete de metro usado y un bolígrafo. Tras hacerlo, salió corriendo. Él la llamó a través del cristal bajado. Era del todo obvio que no iba a marcar el número recién anotado, así que para qué iba a molestarse en recordarle que no lo había cogido, pero sí le gritó que se olvidaba del bolígrafo.

—Huy, que tonta —dijo ella. Retrocedió, tomó el boleto y la Parker y se esfumó.

Tú habías enmudecido durante un momento. Recordaste aquel billete de metro cuando ella se disponía a poner una lavadora.

—¿Así fue? Y entonces... ¿En qué quedaron?

—Pues en nada, Paula —Jerónimo no se creía que aún tuviera que explicarlo— ¿En qué íbamos a quedar? ¿Qué querías que hiciera? Decirle "anda bonita, vamos a quedar otro día. A ver si a la próxima ya adivino quién eres desde el primer vistazo. Y luego echamos otra carrera a ver quien come más deprisa, y después las copas, que nos las pongan en un termo para el camino. Nos las bebemos en el coche".

Te echaste a reír de nuevo.

—Pero, ¿a ti te gustó?

—¿Cómo me iba a gustar?, jod... —calló de repente.

—Me refiero a físicamente —aclaraste tú.

—¿Qué quieres que te diga, Paula? —preguntó Jerónimo— Muchas veces he toreado en peores plazas, pero...

En un par de miércoles más, Helia las invitó a que fueran todas a su casa de nuevo. Tenía una muy agradable sorpresa que darles. Ni tan siquiera Inés sospechaba de qué podía tratarse.

Cuando llamaron a la puerta se escuchó corretear a varias personas dentro. Como si la casa estuviera repleta de niños que jugaban al escondite.

—Chssssss —se escuchó su voz— deben ser ellas.

—Abre —ordenó una voz masculina.

—Abre tú —contestó ella.

—No, que a mí me da la risa.

Si aquel par de bobos confiaban en que no pudieran escucharlos, lo llevaban claro.

Cuando Helia abrió, al fin, las condujo hasta el salón. Y, allí, en el sofá, se encontraba un chico que acariciaba a un gato, estornudando cada tres segundos.

—Este es mi novio Ricardo.

—¡Mujer!, novio, novio... —se ruborizó él— estamos saliendo juntos.

—¿Qué quieres decir con eso, cariño? —ironizó ella— ¿que me olvide del anillo de pedida?

Él rió como un tonto y ambos se propinaron varios empujoncitos.

Ustedes se quedaron boquiabiertas. Todas excepto Inés que parecía estar encantada con la situación. Helia les mandó esperar allí hasta que terminara de arreglarse.

—¿Quieren tomar algo? —ofreció Ricardo— ¿Una cervecita?

—¡No! —gritó Helia desde su cuarto— Acuérdate, corazón, que no nos queda cerveza.

—¿Coca-cola, entonces?

—Es que tampoco queda coca-cola, cielo —volvió a intervenir ella.

Ricardo caminó hasta la habitación y escucharon cómo se dirigió a su amiga:

—¿Qué hay, sol mío?

—Limón —contestó ella.

—Limón, limón nos parece bien —respondiste tú al aire.

Ricardo se marchó a la cocina y tras meter la cabeza en la nevera volvió a hablar en voz alta:

—¿Dónde tienes el limón, amor?

—Está... —Helia parecía estar pensando— Está en la alacena, habrá que servirlo con hielo.

Ricardo abrió la puerta del frigorífico y tú pudiste observar desde tu sillón que volcaba todos los moldes que se encontraban en el interior. Estaban vacíos de agua y, por supuesto, de hielo.

Volvió a hacer acto de presencia en el salón.

—Mira, que yo creo que se nos va a hacer tarde, que mejor nos vamos —resolvió tajante.

Desde aquel día apenas se separaba de Ricardo. Empezaron a creer que se había curado de todos sus males. Que realmente había encontrado al hombre de su vida. Inés llegó a asegurar que "estaban hechos el uno para el otro y que sus croquetas eran inmejorables".

Hasta que, meses después, una noche Olivia se lo encontró en un *Boys*, durante una despedida de soltera de una compañera de trabajo. El chico era una maravilla de espectáculo, desde luego, pero a ella no le pareció su oficio decente, ni mucho menos. Y una de las camareras, respondiendo a su interés por él, le dijo que no se hiciera ilusiones porque aquel tipo era *gay* y salía con el dueño del local desde hacía mucho tiempo.

Cuando Olivia, muy cautelosamente, se lo contó, Helia pareció rasgarse las vestiduras.

—¡Hacerme esto a mí! —se ofendió— ¡Qué poca vergüenza! ¿Cómo ha podido engañarme de esta manera?

Olivia se quedó observándola durante unos interminables segundos con la mano en el pecho. Después cruzó los brazos y exclamó:

—¡No me lo puedo creer! ¡¿Nos has mentido?!

Helia bajó la cabeza en un principio, pero inmediatamente después se puso a la defensiva y respondió:

—Y, ¿qué querías que hiciera? ¿Esperar a que me intentaran colar cualquier desgraciado cada mes?

L, DE LIANTA

Los animales son buenos amigos,
no hacen preguntas y tampoco critican.
GEORGE ELLIOT

El único secreto que saben guardar las mujeres
es el de los años que tienen.
BERNARD LE BOVIER FONTENELLE

TENDRÍAN OCHO AÑOS, NO MÁS. Allí estaban todas, en el patio de recreo, con cara de decepcionante derrota. De brazos caídos, como si fueran incapaces de sostener el peso de sus hombros. Como si los acabara de acribillar un pelotón de fusilamiento y estuvieran esperando desplomarse de un momento a otro.

—Los Reyes Magos son los padres —eso acababa de anunciar Lola.

Eso era aquello tan importante que les tenía que contar y para lo que las había citado en una nota, que fue de mano en mano en la clase, escrita a lápiz, con una caligrafía enorme y desgarrada: "Te espero en la fuente del patio, en el recreo. No tardes, ya te comerás después el bocadillo, pásalo".

Patricia empezó a llorar rompiendo en mil pedazos el silencio sepulcral.

—No puede ser —dijo Helia— Esta información hay que comprobarla. Hay que preguntárselo a alguien... a algún mayor.

—Yo ya se lo he preguntado a mi madre —contestó ella— y me ha dicho que sí.

—Pero... —intentó expresar Amanda aquel nudo en la garganta que le cambiaba la voz.

—Que sí —interrumpió Lola— que compran los juguetes, los esconden y nos los ponen en el árbol por la noche, mientras dormimos. Por eso se ponen tan molones con que nos vayamos a la cama rapidito.

—¿Y el ratoncito de los dientes? —volvió a intentarlo Gabriela.

—¡Por favor! —exclamó burlona Lola— ¿Tú que crees? Si tres hombretones son de mentira. Imagínate un ratón que viene a coger tu diente de la almohada y te pone en su lugar una moneda. ¿De dónde va a sacar la moneda ese pobre ratón?, y ¿cómo sabe él cuando se te va a caer el diente? Y ¿para qué quiere un mísero diente? Mi prima tiene un hámster y es tan tonto que no hace otra cosa que comer y dormir. Vamos... que ¡fíjate si será tonto que no para de correr en una ruedita! ¡Como si fuera a llegar a algún lado!

Aquel mismo día se acababa su infancia. Los bocadillos se quedaron, intactos, en sus loncheras y parece que nunca fueron las mismas de nuevo.

Cuando llegaste a casa, mamá estaba friendo una tortilla de papa hablando sin parar de todos los problemas que le había estado dando "diciembre". Te dieron ganas de estampar la sartén contra esa loca que no paraba de hablar.

—Mamá... ¿es verdad que ustedes son los Reyes Magos?

—¡Ooooooh, nena! —se echó la mano a los labios— bueno, menos mal que te has enterado después de que pasasen, ¿eh? así has podido disfrutarlo este año. No se lo vayas a contar a tu hermana, que aún es pequeñita. Y ahora déjame un poquito que se me va a quemar la tortilla.

Amanda continuó con la farsa unos tres años más. Temía que sus padres no fueran a regalarle tantas cosas si les confesaba saber la verdad. Así que un día ellos tuvieron que decírselo:

—Verás Amanda, ya es hora de que te enteres de una cosita que te va a disgustar un poco...

A Lola también le deben el favor de enterarlas de la procedencia de los niños. Al parecer, se lo había escuchado comentar a su hermana mayor y a una amiga cuando estaban encerradas en la habitación:

—¡Qué asco, por favor! —dijo Patricia— ¿Y quién va a ser capaz de hacer eso?

—¡Pues todos! —afirmó Lola— ¡Todos lo hacen!

—¡Mis padres no! —aseguró Patricia.

—¡Venga ya, Patty! —se burlaba— ¿Y por qué estás tú aquí?

—¡Pues yo adopto! —anunció Gabriela con una mueca entre asqueada y dolorida.

—Lo peor es que antes tienes que hacer muchos pipís de sangre —Lola seguía engullendo su bocadillo como si tal cosa— Eso se llama regla, mi hermana la tiene y mis abuelas le dijeron que "ahora tenía que tener mucho cuidado con los chicos".

—¡Vaya una bobada! —protestó Gaby— Como si no te fueras a enterar de cuando te meten eso por ahí. ¡Hala, como si te agacharas a coger tu mochila del suelo y...!

—¡Beeeggggg! —chillaron todas al unísono.

—No tiene mucho sentido —Helia intentaba usar su lógica— Si es como tú dices que hay que tomar anticunf... anti... anti de esos para no tener bebés, entonces... ¿para qué se hace?

—Mi madre me ha dicho que para pasarlo bien los domingos por la tarde —puntualizó Lola con la boca llena y encogiéndose de hombros.

—¡Pues vaya una fiesta! —exclamó Gabriela.

—Eso me ha dicho "¡para pasarlo bien los domingos por la tarde y te callas ya con el temita!".

Según Patricia, la madre de Lola era una madre de las de "antes". Cada vez que iban a su casa, la buena mujer las recibía en la puerta con la *boatiné* y unas gamucitas con forma de pez. Ustedes metían cada zapato en la ranura que había justo a la altura de la branquia y para poder andar debían arrastrar los pies deslizando los pececitos por el suelo.

Las acompañaba hasta el cuarto de estar y allí las hacía sentar sobre unos sillones que lucían un trapito de ganchillo en cada uno de sus brazos.

Tú te esmerabas en sentarte correctamente y, sobre todo, no tocar con tu codo los trapitos de ganchillo porque, si lo hacías, Dolores, aparentemente enclaustrada en la cocina, venía rauda y veloz, bayeta en mano, a colocarlo y estirarlo bien. Llegaste a buscar con tu mirada alguna cámara secreta colocada disimuladamente en la salita.

En las estanterías había poquitos libros, pero podías admirar la figura del toro español de pelaje negro, la muñequita vestida de gitana y un curioso juego de tacitas de cerveza con irlandeses decapitados y sonrisitas tontas, como si no se hubieran enterado del pequeño detalle de haber perdido la cabeza.

También estaba el revistero repletito de fotonovelas en blanco y negro y el *Diez Minutos*, algún que otro *Hola* y varios *Semana*.

Allí mismo, sentaditas, tenían a las dos abuelas que vivían en casa con la familia. Ambas estaban sordas como una tapia. Ir a casa de Lola y escucharlas era como presenciar un diálogo de Martes y Trece:

—¡Ay, que mala es la vejez! —suspiraba María de los Dolores mientras sus posaderas hallaban lo blando del sofá.

—¿Otra vez? —exclamaba Aurora— se te pierde todo. ¿Dónde tienes la cabeza?

—Aurora, anímate... ¡la pereza es la madre de todos los vicios!

—¿Qué?, ¿has visto a la Rizos?

—No, hace mucho que no voy. Ya me hace falta ir a la peluquería.

—¿Que le ha tocado la lotería? ¡Menuda suerte tiene!

—Te dan unos masajes estupendos cuando te lavan la cabeza. Y los sillones vibran. ¡Son tan cómodos esos sillones!

—¿Tantos millones?

—Sí, también en los riñones.

Y de repente se enteran de su presencia:

—¡Míralas, qué monas van!

—Qué van a estar bajas, Aurora. ¡Si están muy hermosas!

—¿Dónde van, bonitas?

—A dar una vuelta —contestaban todas al unísono y bien alto.

—Ah, muy bien —ni se habían enterado, ni falta que les hacía.

—¿Tú de quién eres, chiquita? —ahora se dirigía a ti.

—Mi madre se llama Olga —te desgañitas la voz.

—No sé quién es —se encogía de hombros y ponía los labios al revés, como si volviera a pensar que no le importaba un pimiento.

—¡Que se ha hecho la toga! Lo mismo por eso no la conoces —le gritaba la otra y se volvía a aclarar— Si es que está perdida.

Te daban la impresión de ser dos muñequitas parlanchinas que las habían sacado de sus cajitas para sentarlas sobre los sofás. Eran como el típico dormilón o peluche que se deja sobre la almohada de la cama recién hecha.

También tenían un loro que ya tenía setenta y tres años. Estaban preocupadas porque lo habían heredado de uno de los abuelos, pero como siguiera con tanta salud iban a tener que escriturarlo en su testamento. Tenía colores muy vivos y sabía decir bastantes cosas: "Hola", "Pero, ¿qué me dices?", "¡No me lo puedo creer" y "Es un venenito... esa chica es un venenito". Silbaba (como los hombres a las chicas guapas) e imitaba perfectamente el sonido del teléfono "Riiiiiing... ¿Diga? ¡Ah!, ¿qué tal?" y el del portero: "Brrrrrrrr... ¿quién?, ya bajo".

A veces se volvía como loco y lo decía todo al mismo tiempo sin ningún orden. Por ejemplo, tú lo saludabas y él te contestaba:

—No te puedo creer, venenito, ya bajo, ¿qué tal?, *fiu-fiu*, ¿diga?, pero, ¿qué me dices?, ¿quién? Hola.

En cuanto a Dolores, las miraba con cara de pocos amigos. Supusiste que sabía más de sus vidas de lo que a ustedes les gustaría. Así que serían las "venenito" de las que hablaba el charlatán. Eso era muy de Lola. Contarle a todo el mundo la porquería de los demás para que la propia no se viera tanto.

Siempre andaba fregando, barriendo, pasando la aspiradora, o el trapeador. En cuanto desaparecían por la puerta hubieras jurado que se ponía a frotar todo mueble que hubieran rozado. ¡Qué estrés derramar una gota sobre el piso si tenías la osadía de pedir un vaso de agua!

Con respecto al padre de Lola, poco, o nada, puedes decir porque se pasaba el día en el bar. Y no te extraña porque la casa debía ser insoportable entre el loro, las abuelas y doña Dolores todo el día con la bayeta, colocando los trapitos del sillón.

Jamás olvidarás aquella noche en su casa. Toda su familia, loro incluido, se había marchado al pueblo de su madre en Soria. A ella le gustaba pavonearse contando que en el pueblo de su madre habían filmado *Doctor Zhivago*. ¡Qué bestia! ¡Mira que confundir la belleza de la estepa rusa con el pueblo de su madre!

El caso es que las invitó a que fueran a dormir con ella porque iba a estar sola. Había tormenta y a Gabriela no se lo ocurrió nada más adecuado para la ocasión que hacer una sesión de espiritismo.

Lola fue a la cocina a coger un vaso, mientras las demás iban escribiendo letras en pedacitos de papel. Los colocaron alrededor de toda la mesa del cuarto de estar y en el centro pusieron el vaso boca arriba. Era una sesión de ouija.

Una vez sentadas pusieron las yemas de sus dedos índice sobre el borde del vaso de cristal.

—Espíritus del más allá, despierten de su descanso eterno y manifiéstense ante nosotras —dijo Gabriela muy seria, causando que todas se murieran de la risa— ¿Quieren concentrarse?

—Sí, ya vamos, ya vamos... —le contestaste— perdona...

—Yo me muero de miedo, ¿eh? —dijo Inés— Yo no me río... En la Biblia dice que no se deben hacer estas cosas. Exactamente en Deuteronomios y en Levítico.

—¡Ya habló la madre Teresita! —se burló Amanda— ¿Qué dicen las Sagradas Escrituras? ¿No hagas la ouija con un vaso de jugo Tang en casa de Lola?

—No, tonta —se enfureció ella— que no consultemos con espíritus.

—Deja la mente en blanco —interrumpió Gabriela— A ti no te hace falta, Inés...

—Muy graciosa... —apretó los dientes en una forzada sonrisa.

—Repitan todas —ordenó Gaby— si hay alguien aquí, que se mueva el vaso.

—Si hay alguien aquí, que se mueva el vaso —canturrearon todas a una— Si hay alguien aquí, que se mueva el vaso. Si hay alguien aquí, que se mueva el vaso...

Y pasaron cinco minutos más y la única que aún persistía era Gabriela, resoplando:

—¿Hay alguien ahí, por favor?, ¡que se mueva el vaso!, ¡Meydey, meydey!, ¿se me oye?, ¿se me escucha?, ¿me copias?

Al cabo de diez minutos sin obtener respuesta, Amanda se levantó y dijo:

—Todas las líneas están ocupadas. Es obvio. Y la conferencia esta nos va a salir carísima, que anda, que el "más allá" no debe estar muy cerca.

Pero en ese preciso instante el vaso comenzó a moverse muy lentamente.

—¿Lo está moviendo alguna? —fue la pregunta de

Gaby a la que todas respondieron negando con la cabeza— ¿Quién eres?

El vaso se fue moviendo de letra en letra: *m... a... u... e... l... a... h...*

—¿Mauelah? —se extrañó Lola— ¿Eres española?

—*s... i...*

—Pues entonces será Manuela —corrigió ella.

—*s... u... e...*

—¡Ay, me está hartando ésta! —protestó— ¿Sabes leer y escribir?

—*s... i...*

—¿Te conocemos? —volvió a interrogar— ¿Cómo te moriste? ¿Te mató alguien?

—¡Ya vale, joder! Solo preguntas tú —resopló Patricia— ¿Le gusto a Íñigo?

El vaso respondió que sí. Y que no a si se casaría con él y que tampoco lo haría con alguien al que ahora conociese. En aquel momento fue Amanda la que interrumpió anunciando que le tocaba el turno.

El vaso le dijo que no le gustaba a José, ni a Jorge, ni a Chema, ni a Emilio, ni a Eloy, ni a Quique, ni a Carlos... Así que se cabreó mucho con Manuela y la mandó a hacer gárgaras.

A Helia le dijo que se casaría con Luis y que tendrían dos niñas.

Inés le estuvo preguntando por el tiempo que hacía en el más allá, por la hora que era, por cuántos años tenía y por si allí había animales. Por si había visto por ahí algún roedor o si se encontraba bien Cuí. Pero el vaso empezó a moverse de letra en letra sin formar ninguna frase con sentido.

—Deja de preguntar tontadas porque la estás chocando —sugirió Marta antes de aprovechar a preguntar si iba a ser rica y famosa.

Y el vaso le contestó que sí. Así que supusieron que en una larga temporada no iba a haber quién le tosiera encima.

Y cuando te iba a tocar el turno, Lola se te adelantó:

—¿Está liada la profesora de dibujo con el de Literatura? ¡No!, mejor: ¿le ha puesto los cuernos Eliécer a Mario? —el vaso comenzó a dar vueltas rápidamente, tanto que casi se tenían que levantar para permanecer con el dedo sobre él.

De repente paró y Gabriela dijo:

—Ya la cabrearon. Me lo estaba viendo venir. ¿Te hemos molestado por algo?

Y, súbitamente, estalló el vaso.

Todas chillaron y se abrazaron unas a otras. Aquella noche no pegaron ojo.

Mayte, la señorita de inglés, les dijo que la fuerza de todas sus mentes unidas fue lo que ocasionó que se moviera el recipiente. No obstante, todas tardaron muchas lunas en conciliar de nuevo el sueño por las noches.

Tú intentas explicarte por qué Lola es como es. No sabes si influyen la bayeta, los trapitos de ganchillo, el toro y la gitana, los irlandeses decapitados, las abuelas sordas, el loro con demencia senil, el padre en el bar, las fotonovelas o lo que sea, pero Lola, hija de Dolores y nieta de María de las Dolores, era todo un dolor, sí señor. Vamos, que ni hasta un alma en pena (como Manuela) era incapaz de aguantarla.

Muchas veces te preguntas la razón por la cual continúan siendo amigas, ya que ni tú, ni el resto del grupo, tienen nada que ver con ella. Pero debe ser que también entre amigas (como ocurría con los familiares) existe ese capricho del destino que te juega la mala pasada de tener que tragar con esta tipeja durante el resto de tu vida, quieras o no.

Desde aquel nefasto día en que Dolores, hija de María de las Dolores y madre de Lola, tuvo el desatino de llevar a su niña al mismo colegio al que las llevaron a ustedes, no te la has quitado de encima ni con espátula. Y desde que viste como, aprovechando la confusión, le quitó a Amanda el peluche de Helia y luego le largó el muerto al pobre Jaimito, no has perdido la capacidad de asombro que te brinda cada día con los líos que monta ella solita.

Además de tener que agradecerle las faltas graves en sus expedientes académicos, le tienen que agradecer alguna ruptura con otras amigas, amigos y con algún que otro noviete. Y el pasarse su infancia y gran parte de la adolescencia ensayando frases tipo: "No, deja que te explique, no es eso exactamente lo que opino de ti. Yo más bien quise decir..." o "Espera, no es lo que parece... es que te has perdido parte del contexto", o "Me han dicho que le habías dicho que te dijeron que dijo...".

A Lola no había secreto que se le resistiera: de un modo o de otro, siempre terminaba por contarlo. Como aquella mañana en clase de latín. Una pelotita hecha de papel voló a tu mesa.

Estiraste el folio y pudiste leer: "*Lidia acaba de contarme que le gusta Emilio Ramírez. Me ha hecho jurar que no se lo diría a nadie y no lo he hecho, pero nadie dijo nada sobre escribirlo*".

Lola no suele moverse bien en manada. Es más bien de terreno particular o íntimo. Siempre que había dos en el grupo que discutían, Lola aprovechaba la ocasión para unirse a una de ellas. Y entonces la absorbía por completo. Era como un parásito: hasta que no la dejaba sin sangre no paraba. Eso es: Lola era como pillar piojos en el colegio. No sabías por qué estaban allí, pero caray, cómo costaba quitárselos de encima por una temporada, porque luego los volvías a pillar.

Pronto descubriste el juego de Lola. Era muy fácil de detectar. Salían juntas, se encontraban con una compañera de clase y ella estaba realmente encantadora. En cuanto la chica desaparecía de la escena, llegaba el reporte:

—Está tan mona, tan tontita ella, que parece de la pata del Cid. Me tocó de compañera de habitación en el viaje de fin de curso de octavo, y ahí donde la ves, es una naca. No lavó sus braguitas ni una sola noche, yo no sé si llevaría limpias para cada día. Encima, en cuanto se quita el sostén, se le caen las tetas casi hasta el ombligo. Y luego esa carita, que con ella lavada no vale *ná*, ¿eh? Que no te creas que es un bellezón al natural o que es producto de un buen descanso, que es todo arreglo y maquillaje.

Lo que invitaba a pensar: "Cuando las barbas de tu vecino veas pelar...".

También tenía su diagnóstico para cada una de ustedes, aunque jamás conocieras el tuyo:

—¡Qué cosa tan pastel la Inés! A mí es que estas del *Flower Power*... me atacan el hígado. Mira que es tonta, pero de remate. ¡Y qué pelmaza!

—Pufff, ¡la Yoli! Esa va a terminar muy mal, al tiempo.

—Carolina está como una verdadera cabra. Cualquier día nos la encontramos en una esquina oscura con el cuello *rebanao*.

—La Patty parece la duquesa de Windsor. Vive en el mundo de Wally, hija mía, ya quisiera yo tener unas gafas de cristal rosa como ella. Y su hermanita... se las trae, es de *cuidao,* ¿eh? Ésa sí que se cuenta la película y encima se la cree. Y, ¿no te has dado cuenta de que imita en todo a la loca de la Carola?

—Gaby es un horror. No se puede andar toda la vida haciendo la puñeta a la gente. ¡Qué pesadez, cielo santo! Si los visones son de criadero y habrá agua para regar el campo de golf en Cuenca, vamos ¡digo yo! Hija, ¡qué ya está muy *pasao* eso de los *Yankies go home!*

—Mira, a mí la Olivia esta me pone de los nervios. ¡Qué mandona!

—*Pa* mí que Helia es lesbiana. Y lo mismo hasta le gustas tú porque no se te despega.

—Entre tú y yo, Amanda es la tía más egoísta que he conocido en mi vida.

—Enrique es adoptado. A mí no se me ocurriría nunca adoptar un niño porque, al fin y a la postre, ¿cuál es la procedencia de ese niño? Pues una puta, claro. Y la sangre es la sangre, que la cabra siempre tira al monte. Enrique podrá ser muy buen chaval pero es un hijo de puta de nacimiento. Y eso termina por notarse, antes o después.

—¿De qué se queja la madre de Elena? Total, perder un bebé después de seis hijos no es para tanto. ¡Qué bárbara! ¿Querrá hacerse con el equipo de fútbol? Si total, ni le ha visto la cara...

—Se ha muerto la abuela de Felipe de un golpe de calor. ¡Lo mal que ha quedado esa familia! Porque eso es tercermundista, no me digas. Eso sólo les pasa a los pobres que duermen en la calle. De todas formas, en este verano ya van tres viejos que se mueren por lo mismo. Si es que son de ideas fijas, que lo sé yo de muy buena tinta por mis abuelas. Ellos cogen y a las tres de la tarde se van a ver la obra de la calle de enfrente o a las cinco se largan a sentarse en un banco del parque y, claro, a las tres o a las cinco de la tarde de un día de julio. ¡Ya le puedes dar garbo al abanico!

Y sabes que tú no te libraste, porque alguna vez interrumpiste una conversación. Sí, ya sabes, me refiero a esas veces en las que de repente entrabas en un baño y ella que andaba charlando muy animosa, al verte, tose y se calla.

Pero no logró salvarse de la quema.

Carolina ligó con un chico de Santiago de Compostela. Estudiaba medicina y tocaba en la tuna. Él estaba harto de venir a verla a Madrid todos los puentes. Así que le tocaba el turno a ella. Por supuesto, a los dieciséis años no le iban a dar permiso para viajar sola, por eso le dijo a su madre que se iba con "el dinero que había sobrado del viaje de fin de curso" a Navacerrada a hacer senderismo con toda la clase. Y la pobre mujer se quedó tan ancha como confiada.

Aquellos días previos al viaje de Carolina, todas estaban excitadísimas. ¿Qué dinero, si hasta tuviste que poner más porque no alcanzó con las fiestas, las papeletas y todo lo demás? Se pusieron a hacer pulseritas de cordón para venderlas en los recreos. Carolina iba pidiendo cambio a los compañeros "para comprar el bocadillo o tomarse una coca-cola". Limpiaron escaleras. Ahorraron algunos billetitos de sus pagas, hicieron de esclavas de sus hermanos mayores y les hicieron los deberes a los pequeños, para que les dieran parte de sus ahorros y, a duras penas, reunieron el coste del viaje de ida y vuelta en tren.

Carolina se las ingeniaría para colarse en la habitación de la residencia del muchacho todas las noches (y no pagar hotel) y la tuna la recibió como si fuera Juana de Arco (todos sabían la que montó para ir), así que se encargaron de costear sus comidas, bebidas y salidas.

Todo marchaba de maravilla. Ustedes se quedaron sin salir todo aquel fin de semana... bien porque no tenían ni un céntimo, bien para evitar encontrarse con algún familiar de su amiga, ya que se suponía que todas estaban de marcha en Navacerrada.

Ella las llamaba todas las noches antes de hablar con su madre. Si todo iba bien y nadie se había enterado de la escapada, entonces ya podía llamar a casa y contar una mentirilla.

Pero Carolina llegó y no le vieron el pelo durante seis meses. ¡Seis largos meses! Su madre la había castigado sin salir. Al parecer, se había enterado de toda la movida por la madre de Lola.

—¿Estás loca? —le chilló Gabriela— Esto ya es muy fuerte, Lola. ¡Contarle a tu madre la aventura de Carolina!

—No, de verdad, no fue así —trató de explicarse ella.

—Yo no creía que ibas a traicionarnos así —opinó Olivia— Jamás lo hubiera pensado, sinceramente.

—Esperen, por favor —Lola rompió a llorar.

—Yo ya no te espero, tía —le gritó Amanda— eres lo peor.

—Por mí ya es suficiente —le secundó Patricia.

—Por favor, déjenme explicarles —Lola seguía haciendo hipos— mi madre fue a misa y se encontró con su madre. Ella le preguntó que qué tal me la había pasado en la excursión a Navacerrada... Y mi madre le contestó que no sabía nada de esa excursión y que me había quedado en casa sin salir. Que era extraño, con lo que a mí me gustan esas cosas, que no le hubiera pedido permiso para ir...

—Pero, ¿es que te crees que somos anormales? —Marta se acercó tanto a ella que le salpicó con sus babas.

—Si no quieren creerme, hagan lo que tengan que hacer —dijo ella limpiando su colorada nariz con la manga de la blusa— Pero yo les he contado la verdad.

—Vamos a ver... —intentó calmar Helia.

—¡No, por favor! —le interrumpió Amanda— Como vuelvas a empezar una frase con "vamos a ver" te meto el zapato en esa boca que Dios te ha dado.

—Sí, es verdad, déjalo —apoyó la moción la misma Lola— no digas nada, por favor.

Inés se volvió hacia ti y te dijo en voz muy baja:

—Yo le creo, ¿y tú?

Callaste pero tú también le creíste. Es más, estabas segura de que todas lo hicieron. Pero ya era demasiado tarde. Ya habían decidido acabar con Lola. Ella misma les había brindado la oportunidad de mandarla a freír espárragos para siempre y quitarse un lastre así de en medio. Ahora volarían más alto.

Pero no se sintieron satisfechas. Debe ser porque no tenían su conciencia tranquila. Ella dejó los estudios y, si salía, desde luego no era en los mismos sitios, porque nunca más volvieron a encontrarse con ella. Crees que tuvieron millones de motivos para enviarla muy lejos mucho antes, pero quizá aquel día se agarraron a un clavo ardiendo y no eligieron el momento más apropiado. No des más vueltas a ese asunto. Desde que el mundo es mundo, ha habido una fea raza de hembras que ha deshonrado tu sexo: las Lolas de la vida.

No se puede con ellas. Tienen un gen especial que les impide guardar un secreto y otro que las obliga a estar cuestionando constantemente cada paso que da una. Sientes su mirada clavada en la espalda cada vez que haces algo, cualquier cosa. Y no te salva ni san Pedro de su veredicto: Si sales con muchos chicos eres una zorra, si no sales con ninguno, eres tortillera. Si sales con uno solo, eres una sonsa. ¡Válgame Dios! Si Lola hubiera estado presente el día en que Cristo dijo: "Quien esté libre de pecado, que tire la primera piedra", ella estaría exactamente tras la catapulta, cargándola con la roca más voluminosa que hallara.

Suelen medir tu paciencia, pero el día que la agotan, aunque no sea el más idóneo, explotas:

—¡Vete a la mierda, Lola!

M, DE MENTIRA

Nunca se miente tanto como antes de las elecciones, durante la guerra y después de la cacería.
OTTO VON BISMARCK

¿Quién no prefiere su mentira a la verdad hallada por otro?
JEAN-JACQUES ROUSSEAU

Desde aquel momento en que viste cómo la señora de la bata azul había depositado a Martita dentro de una cuna, dejándola felizmente dormida, ya envidiaste la buena suerte de esa niña. Ella no tuvo que echarle narices a la vida como todas ustedes. Fue mucho más sencillo: llegó al colegio de los brazos de su padre, pasó a dormir en el nido y nunca se sintió sola ni abandonada, ya que su hermana estaba siempre con ella.

Años después, no tendría que buscar amigos, ni ganárselos, le bastó con adoptar las amistades de Patricia, a golpe de obligarla a cargar con la chaperona, bajo la amenaza de ir a acusarla con mamá.

Podría ser una persona envidiable, sí, pero como no ha tenido que luchar por nada, carece de todo. Entre muchas otras cosas, de personalidad propia.

Cuando tú llegabas a casa de Patricia, ella solía repetir como un monito todas tus posturas. Si te cruzabas de piernas, ella lo hacía. Si te reías, ella se echaba a reír. Si hacías una mueca, si sonreías, si callabas... La pequeña Martita era como postrarse ante el espejo.

Cuando creció continuó haciéndolo. Miraba de pies a cabeza a Helia y, si le gustaba el efecto, hablaba con su tono de voz y se compraba la ropa del mismo estilo. De Gabriela, con la que estuvo intimando durante largo tiempo, copió el tono del cabello. Sí, llegó a teñir su envidiable cabellera platino para transformarla en un negro azabache. También abusaba de un manido uso de sus poses. Se agujereó la oreja por tercera vez para ponerse un pendiente más como lo llevaba Carol, y tan pronto como miró los pies a Yolanda, lució anillos en los dedos y una pulsera de cuero negro en el tobillo. Ni conocía ni le gustaba más perfume que el que su prima Olivia gastara y no había más peluquería en el mundo que la que frecuentaba Amanda.

Marta iba absorbiendo como una esponja el carácter de cada una. A veces no sabías a quién pertenecía la frase que estaba diciendo. O quién emitía el juicio y la opinión. Era como jugar al quién es quién, pero bajo cada ilustración siempre rezaba el mismo nombre: Marta.

Marta, en el fondo, no era más que una chica llena de complejos. Sabía a ciencia cierta que su padre no era más que un teto nuevo rico, que se había hecho a sí mismo. Un albañil que llegó a ser un acaudalado constructor. Y que su madre era una bruja envuelta en joyas como si fuera un árbol de Navidad. No obstante, gracias al golpe de suerte en la profesión de su papá, tanto ella como Patricia tenían aquello con lo que cualquier adolescente sueña. Piscina de verano, otra climatizada, discoteca en casa, caballos, clases particulares de tenis, de esquí, de pádel, de equitación, de submarinismo... Y hasta fiesta de puesta de largo, a la que acudieron Eugenia Martínez de Irujo, Simoneta Gómez Acebo y las hijas de Juan Cuétara. Ustedes no, por supuesto.

Llegaste incluso a charlar con uno de sus novietes y él te contó que Marta tenía unos padres maravillosos. Él diplomático y ella licenciada en Arte. Y ya no era ninguna niña. Habría cumplido casi los veinticinco.

Por lo que tú sabías, ese señor no debía usar más diplomacia que la estrictamente necesaria para "colar" presupuestos infumables a los propietarios o inquilinos que desearan hacer una pequeña reforma en sus viviendas. Y, años más tarde, lo más lejos que debía viajar era a la Bahía de Algeciras a recibir los mojados, para ir ofreciendo puestos de trabajo en su promotora a los que consiguieran salvar el pellejo tras la odisea.

En cuanto a las bellas artes de su parienta, bien podría ser que la técnica del *petit-point* (vulgarmente conocido como medio punto o punto de cruz) fuera considerada una destreza, pero dudas mucho que en Marlborough, Ansorena, Durán o Berkowitch estén interesados en exponer la colección de la buena señora en sus galerías.

Obviamente no lo corregiste y nunca se lo contaste a nadie por temor a lo que podrían decir (o hacer) con ella el resto de tus amigas.

Napoleón (el perro de Carol) enfermó. Su madre lo llevó al veterinario y su diagnóstico fue cáncer de páncreas. Tenían dos opciones: operarlo, o hacerse a la idea de liberar al pobre can de su sufrimiento y sacrificarlo. La segunda opción era la más inteligente, ya que el animal tenía sus años. Pero Carol, que sólo es valiente para lo que quiere, se echó a temblar nada más con pensarlo. Y su madre (más egoísta que ningún otro adjetivo que se le pueda dar) ya le dijo que era "su" mascota y que ella no podía, ni quería decidir o responsabilizarse de ese tema.

Como te temías, Carolina te suplicó que fueras tú la que llevara a Nap al veterinario para ponerle la inyección, ya que no lograba reunir el valor suficiente. Y, como era de esperar, ni Helia (tan apegada a sus gatos) ni Inés (con los traumas de su Cuí y de la mamá hámster, aún sin superar) quisieron apoyarte en aquel trance.

¡Lo que echaste de menos a Yolanda! Si hubiera estado en Madrid te hubiese acompañado sin ninguna duda.

Así es que tuviste que conformarte con la única ayuda que recibiste de tus amistades: una tarjeta que te entregó Marta.

—Este es el veterinario de nuestros perros y caballos. Es muy bueno. Conozco a Moisés desde que era un crío y venía con su padre a ayudar en los partos. Así que por experiencia que no quede, este chico lleva toda la vida ejerciendo.

Cuando llegaste a la consulta de Moisés, te recibió con un café con pastas y te dejó que "disfrutaras a solas de Nap":

—Es un momento muy difícil, tómate tu tiempo —apretó, muy afectuosamente, tu mano.

Una vez en la sala, abrazaste al perro y sentiste que una parte de tu ser se iba con él.

¿Cómo podía ser posible? Habían enterrado a los padres de Inés y Helia, a casi todos los abuelos e, incluso, a algún amigo y ¿te iba a dar más pena enterrar al perro aquel?

—¡Ay, Napoleón! —susurraste— ¡No me mires con esa carita, joder! Que yo no tengo nada que ver con este asunto.

De golpe recordaste todas y cada una de las tardes en que entrabas en casa de tu amiga y Nap se ponía en dos patas para recibirte loco de contento. Y cuando Carol y tú se ponían a cotorrear y él te traía su mugrienta pelota de tenis para que le prestaras atención y te pusieras a jugar con él. Y cuando, aburrido de esperar a que se la tiraras, se tumbaba sobre tus pies (asegurándose de que te quedaras) y se ponía a roncar como un tronco.

O cuando traía su correa en la boca para obligarlas a pasearlo. O cuando se subía en tu regazo, en el coche, para asomar sus peludos bigotes por la ventana y disfrutar del viento sobre su cara.

—Nap, vas a estar muy bien, de verdad —se te llenaron los ojos de lágrimas— Ya verás qué perritas tan guapas hay en el cielo de los perros. Y millones de pelotas de tenis. Y palos. Palos enormes y sucísimos como los que no permites que te quitemos de regreso a casa. Esos que escondes bajo la cama...

De repente te sentiste muy ridícula, muy sola y muy pequeña. Te echaste a llorar como hacía tiempo que no lo hacías y Moisés entró:

—¿Estás preparada...? ¡Ah!, perdona.

—¡Qué vergüenza, Dios mío! —te tapaste el rostro con las manos— Yo que me reía...

—¿De los duelos por los animales? —te sonrió dulcemente— Son los mejores amigos que tenemos. Incondicionales. Viven por y para nosotros. No piden más que nuestra compañía. Y cuando a nosotros nos falta la suya, nos sentimos...

—¡Es que ni siquiera es mi perro! —sollozaste.

—Pero... —el chico se encogió de hombros— ¿Cómo que no?

—Es de una amiga, no tenía valor para hacerlo y me ha pedido el favor... Y ahora me siento fatal porque pienso que Napoleón querría que fuera ella la que lo despidiera y que yo no sé qué pinto aquí y...

Moisés permaneció en silencio durante unos segundos, luego volvió a tomar tu mano y te dijo:

—¿Sabes? Creo que tu amiga tiene mucha suerte de tenerte a su lado y creo que Napoleón no podría haber sido despedido mejor por otra persona. No todos podemos elegir la compañía de nuestros últimos minutos. Pero de no poder acompañarme de los seres queridos, a mí me gustaría mucho morir junto a un desconocido como tú.

Moisés clavó la aguja en la piel de Napoleón y el perro hizo lo mismo con su triste mirada en tus llorosos ojos. Por primera vez experimentaste la sensación de ser consciente de que una vida se acaba... se agota... se apaga...

—Se ha quedado muy tranquilito —dijiste en voz muy baja.

—Claro... —posó su mano sobre tu hombro— al fin descansa.

—Bueno... pues... ya se acabó todo —te sonaste— dime lo que te debo, entonces...

—Me debes una cena este fin de semana.

Trataste de convencerle de que tenía que cobrarte (Marta te había hablado de veinte o treinta mil pesetas) pero no hubo manera.

Cuando se lo contaste a tus amigas, Carol, Helia e Inés no hacían más que llorar y la única que abrió la boca para hablar fue Marta:

—¡Buf! Cuando lo veas sin la bata no te va a gustar nada. Es guapetón, pero un poco ñoño, ya me entiendes. Va con pantaloncitos de tergal y unas camisitas a cuadros que...

Te quedaste helada. No pudiste asimilar lo que acababas de escuchar. Ni una palabra para Nap y una ofensa para un chico encantador. Sólo resoplaste. Pero a tu regreso de su primera cita, contestaste a Marta:

—Ahora me gusta mucho más aún. Lástima que el tergal y los cuadros no te hayan dejado ver el interior que tiene este chico.

—¡Lo sabía! —abrió mucho los ojos— ¿A que está bueno desnudo?

Y tú volviste a enmudecer. No valía la pena hacerla comprender, porque de cualquier manera, no entendería nada.

Sólo pensaste:

—Anda, Martita, vete a hacer *petit-point* con tu madre.

Cuando a Marta le gustaba un chico, no tenía más que estudiarlo a conciencia y aprender a ser todo cuanto él esperaba de una mujer. Si al chico le gustaba cazar, ella se sacaba el permiso de armas. Si era de *Greenpeace*, se dedicaba a hacer manifestaciones en contra de las corridas de toros. Si salía con un vegetariano, ella no probaba bocado de carne. Si frecuentaba un deportista, ella era una atleta. Si conocía algún notario interesante (en el círculo de amigos de Carol) ella estudiaba leyes. Y si se hacía acompañar de un economista, ella se ponía a hacer cuentas como la que más. En realidad era una fría mente calculadora.

Ese fue el último caso. Javier era economista, como tú, pero al dirigirse las dos a la entrevista de trabajo, fue ella la que consiguió el puesto vacante. Todo un triunfo, teniendo en cuenta que ella había estudiado periodismo y tú habías seguido los pasos de tu madre. Y, añadiendo, además, que "a ella tampoco es que la entusiasmara mucho ese puesto".

Javier era, además, un niño bien venido a menos. Es decir, un chico cultivado, de poca plata pero gran linaje.

Era el jefe de Marta y pese a lo monótono de encerrarse entre cuatro paredes a hacer cuentas, le gustaba su trabajo. Le encantaban los números desde pequeño. Solía decir que el atractivo de estos radicaba en su sencillez.

Los números eran sus amigos. Algo en lo que se exige la mayor de las concentraciones. Tan absorbentes que no le permitían pensar en otra cosa que no fueran ellos mismos.

Las palabras podían mentir, o confundir, podían equivocar ocultándole gran parte de la información. Pero un siete era un siete, y no un tres, y tampoco pretendía ser un quince.

Existían números vacíos, como el cero. Y números solitarios y aburridos, como el uno. Tan impersonal que en cuanto se multiplicaba por otro, dejaba de tener vida propia.

Números sociales, como los pares. Números apasionantes, como los primos, que siendo enteros y positivos, únicamente se podían dividir entre el uno y ellos mismos para dar una solución exacta.

Los números gemelos eran aquellos primos cuya diferencia era dos. Y también había números complicados y huidizos, como los Primos de Mersenne, que se podían expresar como $N=(2^\wedge n)--1$, donde n podía ser cualquiera y hasta el momento sólo se habían descubierto treinta y siete.

La vida estaba llena de matemáticas. Una partida de billar, de cartas, la música... Ese mismo día, por ejemplo, se había pasado la mañana entera escuchando a la gente renegar porque era lunes. Porque ya se habían gastado el sueldo y aún quedaban diez días para cobrar. Porque era un mes malo y esperaban ansiosos poder cobrar la extra en el siguiente. Ya le habían pedido cuatro adelantos en lo que llevaban de día. Pero a él la fecha le daba mucho más información que al resto. No era más que otra jornada de ocho horas. El primer día de la semana veintiséis y el vigésimo día del sexto mes. Llegaba a su término el tercer trimestre y se cerraba el primer semestre del año.

A fin de cuentas, no éramos sino números.

Veintinueve eran las primaveras que había cumplido, tres los que llevaba siendo el Director financiero en la empresa, y dos años, tres meses y veintidós días, el tiempo que hacía que Marta era su asistente.

Y, a pesar de aquel ralo vidrio que los separaba, y de conocer su edad, su número de seguridad social, las cifras que conformaban su sueldo, los dígitos de su tarjeta para fichar, o la matrícula de su coche, apenas sabía de ella dos o tres cosas: su nombre. Que fumaba un cigarrillo, cada dos horas, (sí, contaba secretamente las veces que bajaba a fumar a la calle). Que, a veces, cuando estaba nerviosa, se lo fumaba cada sesenta minutos. Y que usaba 212 de Carolina Herrera.

Números, más números. Había visto la marca del frasco con el que, a veces, se pulverizaba el escote.

Hacía más de veintidós minutos que se había marchado pero aún olía a ella.

Ni tan siquiera podía asegurar si tenía novio o no. El resto de las compañeras de trabajo tenían fotos enmarcadas sobre la mesa, y la que no, tenía un salvapantallas con imágenes de la familia. Ella no. Su salvapantallas era una cadena de doce fotografías, que bien podían haber sido extraídas de cualquier número del *National Geographic.*

Y, en cuanto a los anillos, cuando acababa la jornada los posaba sobre la mesa para untarse las manos con una crema que guardaba en el segundo cajón: seis, todos de oro y ninguno que pudiera asemejarse a una alianza.

Tampoco él llevaba retratos en la cartera, ni los había enmarcado para exhibirlos en la oficina. Y el salvapantallas (ahora que lo miraba) era de lo más corriente, de lo más anodino, una lluvia de estrellas blancas, sobre un fondo negro.

Así era él. Un fondo negro rodeado de una cantidad infinita de cuerpos celestes que pasan de largo, velozmente, sin rozarlo siquiera.

Marta enseguida lo fichó como próxima pieza de su colección particular pero, claro, tenía que procurarse un buen plan. Como intimar con la secretaria del gerente, que no era otro sino el padre de Javier. Y hasta llegó a costear los servicios de un investigador privado.

A Javier le gustaba la música clásica. Paloma (la secretaria del padre) le había comentado que en más de una ocasión había comprado el abono del teatro real y que solía sacarle entradas para el *ballet*, los conciertos y las óperas.

Marta se puso al tajo de inmediato. Tenía que hacer horas extras para licenciarse en ese cursillo intensivo que le facilitaría la conquista de Javier. Pero todo esto sucedió cuando Gabriela y ella se acababan de marchar a vivir juntas, de alquiler, a un depa de segunda mano.

A Marta no le debía parecer adecuada la apariencia de lo que iba a ser su hogar. "No hacía juego ni con su clase, ni con la de Javier". Así que pronto (y muy a pesar de las protestas de Gaby) se dedicó a pedirle a su padre presupuestos para una reformación, que ambas tendrían que pagar a medias.

—¿A que no sabes que sale mucho más barato alicatar dos cuartos de baño, una cocina y un tendedero, que simplemente la cocina y el tendedero? —bromeaba burlona Gaby— Pues por tan sólo diez mil pesetitas más, el papá de Marta te alicata hasta el salón, si lo dejas...

—No exageres, Gaby —Helia intentó hacer de abogado del diablo.

—No exagero, nena, no —se ponía muy seria ella— Y si me dejas que te cuente... Aún puedes aprender un montón de cosas más sobre la construcción. Por ejemplo, el presupuesto: ¡Ese gran desconocido!

Gaby se embaló, sin pausa, a la verborrea más disparatada. Sin permitirles siquiera el más mínimo respiro entre carcajada y carcajada.

Según ella, el cerramiento de la terraza tenía dos presupuestos, claramente diferenciados, a elegir:

a. el precio de tres, más dos, metros de terraza y
b. el costo de cinco metros de terraza.

Debía ser que el metro situado a la izquierda era tres veces mayor que el situado a la derecha.

El grifo, existente, con una manguera de cuatro metros que llegue a la jardinera NO es una toma de agua. Pero el grifo existente (tras haber cortado la manguera) SÍ es una toma de agua y cuesta veinte mil pesetas.

El punto de luz con halógeno cuesta unas cinco mil pesetas. Pero el punto de luz, sin halógeno, sin punto y sin luz, "¡sólo cuesta dos mil quinientas pesetas! ¡Una ganga!". Es más, los puntos de luz nuevos siempre se hacen alargando cables de los puntos de luz ya existentes. Y algunos enchufes rebeldes insisten en no funcionar aunque se lo ruegues de rodillas varias veces y otros *resalaos*, como el del baño, sólo lo harán cuando enciendas la luz del pasillo.

El timbre de servicio debe funcionar correctamente en todas las habitaciones, salvo en la que más lejos esté de donde se oye, que es en la cocina.

—Que, digo yo —hacía sonar el vaso de refresco con los sorbos de su pajita— ¿para qué coño queremos timbre de servicio si resulta que no tenemos servicio? Pero, claro. Ya saben lo fina que es nuestra Martita.

—Partamos de la base de que todo es muy confuso. Sobre todo, las explicaciones del encargado: "Lo que usted me encarga que hagamos hoy, vale doscientas mil pesetas, si me lo va a encargar más adelante, voy a tener que cobrarle quinientas mil pero, eso sí, que si no me lo va a encargar nunca, por menos de cien mil pesetitas se lo hacemos en un plis-plas".

—La solera de cemento para la posterior colocación del parqué no tiene por qué estar nivelada, ni mucho menos. Es más, lo que puede estar desnivelado es el mismo nivel. El mismísimo nivel del mar puede estar más *p'acá* que *p'allá*.

—La solera de cemento, para la posterior colocación del parqué, tiene que secar al menos veinte días antes de la instalación del nuevo. Pero, eso sí: si al alicatador de la cocina le da por hacer su mezcla encima de la solera del salón y ha vuelto a humedecerla, sólo son necesarios dos días para que seque, porque el encargado puede pretender largarse mañana con la parienta a Gandía.

—El vertedero y la retirada de escombros al mismo, están incluidos en el presupuesto. Pero no vaya usted a creer que el vertedero es siempre un depósito de hierro que muy habitualmente se ubica en el portal, no. Ni tiene por qué ser de hierro, ni ser un depósito ni por narices tiene que colocarse en un portal. Además, ¿dijimos cuál? Por ejemplo, en el portal de al lado me han regañado por tirar escombros, así que voy a tener que cargarlos y repartirlos entre dos o tres, que me pillan más lejos. ¿De qué se queja si le cobro lo mismo aunque me tenga que desplazar?

—Establezcamos por una vez las diferencias pertinentes: Puede que a cualquiera le hayan colocado una cenefita monda y lironda en el alicatado de la cocina. Pero lo que pone el papá de Martita es una *FENEFA* más bonita que un San Luís. La *fenefa* tiene que estar situada a 1.10 metros de altura. Si es necesario, se cortan los baldosines centrales, o la misma *fenefa*, pero la *fenefa* se queda colocada a 1.10, ¡vaya que se queda! Es totalmente secundario dónde se vayan a colocar los muebles, ni la longitud que tengan, o si los usuarios son altos o bajos o si los techos miden 4 metros. "¡Que les entre de una vez en la cabeza que la *fenefa* tiene que ir a 1.10!".

—Si la *fenefa* es una flor de lis, va siempre boca abajo, salvo en la parte del tendedero donde puede haber alguna boca arriba. En realidad, lo suyo es que se pongan las *fenefas* como van marcadas por detrás, a rotulador. Es decir que es muy aleatorio, a veces van *p'arriba* y otras *p'abajo*.

—Los cortes de los baldosines son limpios, nobles y sinceros... ¡no se esconden nunca! Los cortes, en realidad, se pueden hacer donde uno quiera, lo suyo es que en cuanto usted entre en la cocina, vea los cortes de frente. Que sí, que sí, que ya sé que le han dicho que los cortes van en las esquinas pero, ¿le han dicho cuántos? Pues, a saber, tres, cuatro, cinco... Además, si en la pared de la derecha, en la parte central, hay un corte: hay que hacer otro inmediatamente en la de la izquierda. Porque el arte del alicatado exige siempre la simetría.

—¡Ah! Para alicatar una cocina correctamente hay que arrancar el portero automático y asegurarse muy bien de que al volver a colocarlo, ni abre, ni se escucha, ni le oyen cuando hable.

—Pues sí —lloraba de la risa Helia— casi es mejor que no llamen al portero, porque si tiene que abrir el servicio...

Gabriela, en realidad, reía por no llorar. Se había empeñado hasta los dientes en la operación de emanciparse y ahora no tenía ni para comer con la dichosa reformación.

—Sobre todo —explicaba ella— porque cada vez que abro la nevera hay un montón de productos con una etiquetita que dice: "Marta".

—¿De verdad? —se sorprendió Inés riendo aún— ¿Te pone etiquetas a la comida?

—A la comida, a la bebida y a las cubiteras de hielo, hija mía —asintió ella repetidamente— ¡Ah! Y fue capaz de poner una cabina telefónica (de las de la calle) en casa. Así que tengo que llamar con monedas. Tampoco puedo coger el teléfono, porque puede que sea *su* Javier y entonces tiene que poner banda sonora a la conversación.

—Explícame eso, por favor —rogaste tú, limpiando aún tus lágrimas.

—Sí, te cuento —Gabriela apoyó los codos sobre sus rodillas para dar un ambiente de mayor intimidad y confianza— Ella tiene preparado el CD de Pavarotti y, cuando el teléfono suena, lo pone justo donde empieza el *Nessun Dorma* ese, que es una canción. Entonces si no es Javier, pone cara de fastidio y lo quita, pero si es, pues lo deja puesto y sonríe mientras habla.

Todas volvieron a reír. Todas menos Inés que no le vio la gracia al asunto.

—No hay quien la aguante y además me trata como si fuera una bestia —continuó Gabriela— El otro día, sin ir más lejos, estaba escuchando música clásica y a mí me dio por hacer un comentario gracioso sobre "la teta esa que estaba haciendo gorgoritos". Ella me miró con aires de superioridad y se dirigió a mí con desaire: "Los cuentos de Hoffman. ¿No los conoces?..." ¡Y se me quedó mirando con una cara...!

Gabriela volvió a sorber el vaso vacío y muy digna prosiguió:

—Pues no, no los conozco. A mí me han contado otros cuentos más normalitos: La Caperucita roja, Los tres cochinitos, Pulgarsito, Pinocho... en fin... ¿Qué maravillosa historia puede contar el Hoffman ese que no se puede una cachondear de los gorgoritos?

Lo que más nerviosa le ponía era su retórico modo de hablar:

—¡Que hasta muchas veces me habla en latín, tías! Anoche, sin ir más lejos, al ver que ya no había más harina fui a preguntarle y ella me soltó, tan fresca, "que desconocía que el ingrediente fuera *Ex libris* y que le confiriera el *Hábeas Corpus*, para defenderse". No entendí ni una sola letra, evidentemente. Todo lo que recuerdo del dichoso latín es que nos lo cascaban todos los martes, miércoles y viernes justo después de comer, o sea, a la hora de la siesta y que, como siempre me sentaban en primera fila por tonta, me costaba un esfuerzo infrahumano mantener los ojos abiertos sin bizquear.

—¡Ah! —dijo Inés— y el otro día me dijo al teléfono que no podía quedar conmigo porque tenía una "Gandevú".

—Eso es. Ella no tiene citas —negó con el dedo Gabriela—. Ella tiene *Rendez-vous*. Y no va a fiestas, va a *parties*. Y no hace caca, ni pis, ella va a la *toilet*... ¡te lo juro por Arturo, Mari!

Por aquel entonces, Marta recibía clases de piano. Un profesor particular iba a casa todas las tardes.

—El profe está de toma pan y moja pero ella siempre me echa.

—¿Cómo que te echa? —se escandalizó Amanda— Si tú estás en *tu* casa.

—Ya, pero tengo que comprender que si yo estoy, ella no se concentra. Y lo mismo hasta se acuesta con él. ¡Vaya usted a saber! Porque ella no se acuesta con su Javier, que le tiene engañado y, claro, cuando las ganas aprietan... Porque un día me tuve que ir a dormir a casa de Eva porque resulta que no me abrieron la puerta. Luego me enteré que ella "estaba ocupada" y su hermana estaba con su chico en MI cama.

—Oye, pues eso no, ¿eh? Tienes que hablar con ella —le aconsejó Inés.

—¡Ah! —Gaby pareció recordar algo— Y ahora resulta que compra todos los días dos periódicos, dos: *El Mundo* y *El País*.

—¡Pero si jamás ha leído un diario! —se sorprendió Helia.

—¡Qué bárbara! —exclamó Inés— Si las noticias son las mismas. ¿Qué más da quien se las cuente?

—Pues no, para enterarse bien de todo hay que hacerlo por dos fuentes, preferiblemente de distinta "vertiente ideológica" porque de otro modo, una está tan informada como si se lee el Mortadelo y Filemón —aclaró Gaby— ¡Y eso que la política era yo!

—Pues yo prefiero leer *El Jueves* antes que sufrir el sopor de hojear dos periódicos —argumentó Inés— De hecho, me conformo con echar un vistazo al del bar del curro. Y si se me ocurre preguntar al dueño de qué "vertiente ideológica" es, seguro que me jode. ¡Menudo bruto es el tío!

—Pero bueno —volvió a interesarse Amanda— ¿Qué mosca la ha picado? En la vida ha leído un periódico y los últimos discos que recuerdo que comprara fueron: "Marinero de luces" de la Pantoja y el del "Tractor Amarillo". ¡Por Dios, si confunde a Manolo García con Manolo Escobar!

—Para no ofender a nadie —Inés siguió con su monólogo— lo mejor que se puede leer es *El Marca* o *El As*. Así sí que se está informada, porque el que gana un partido, lo gana. Ahí no hay vertiente ideológica que corrompa la información. Y, además, se disfruta de conversaciones mucho más amenas con los palilleros, por ejemplo. Que son los del taller y siempre llevan un palillo en la boca...

Todas se giraron para observarla con atención. Intentaron expresar con su mirada que hacía rato que habían dejado de hablar de los periódicos.

—Sigue, sigue —animó a Gaby— ¡Ustedes perdonen la interrupción!

—La fiesta de inauguración del pisito de solteras... esa a la que no fueron invitadas, y perdonen que lo mencione, —se puso a juguetear con tu encendedor— fue una fiesta *Chill-out*.

Ante su gesto de extrañeza les explicó que era una fiesta donde todos los invitados son gente guapa, todo está rodeado de velitas y de canapés de colores en bandejas que nunca comes, porque están tan bonitas colocadas que si tomas uno te parece que las vas a dejar feas. La música es *Chill-out*, es decir suave y soporífera. En este tipo de fiestas nadie baila, nadie canta, nadie pierde la compostura ni cuenta chistes verdes. Nadie se emborracha, ni echa pleito. Resumiendo, una velada fantástica para echarse un sueñecito en un sofá.

Tú le preguntaste intrigada de dónde había sacado Marta a esos amigos.

—¡Qué sé yo, tronca! —se encogió de hombros—, pero sus conversaciones preferidas giran en torno a la fascinación por el ocultismo de un tal Pessoa.

Abrió mucho los ojos, mostrando extrañeza:

—Qué digo yo, ¿quién sería ese Pessoa que todo el mundo hablaba de él, pero a mí nadie me lo presentó? Y... ¡que ella sí que está oculta, joder!, que nosotras tendremos cada una lo nuestro, pero al menos se nos ve venir.

Helia no pudo evitar reír disimuladamente. Pero se prohibió a sí misma aclarar que nadie pudo haberle presentado a Fernando Pessoa, puesto que murió en 1935.

Y Gaby continuó su relato.

—Y cuando me pidió que fuera por más hielo, le dije que iba en un momento y al cabo de tres minutos vino con los brazos cruzados: "¿Cuándo vas a ir? ¿Cuándo aniden los petirrojos?".

Todos se echaron a reír y yo me quedé como estaba y, no contenta, fui tan estúpida de preguntarle:

—¿Cuándo qué?

Gabriela puso mueca de furia y después, sacudiendo sus hombros, imitó a su amiga poniendo voz de tonta:

—¡Pinkerton..., ya sabes! ¿No has visto Madame Butterfly?

No dijeron nada porque les inspiró lástima. Ya nadie reía.

—¡Pues no, joder! ¿Cómo voy a verla? —gritó al vacío como si estuviera respondiéndola en ese preciso instante— Si tú siempre te vas con tus amiguitos estos tan monos y tan listos... Se los juro, es como encontrarse de la noche a la mañana durmiendo con tu enemigo, como si fuera una perfecta desconocida... Allí estoy, apenas a tres metros de ella y tan incomprensible e inalcanzable como que me toque un viaje a Honolulu con la etiqueta de un bote de Ketchup. No sabía que vivir con ella iba a ser como una partida interminable de Trivial Pursuit.

—Lo más cercana que había estado yo a la música clásica era en aquellos dibujos de Bugs Bunny, mientras afeitaba a Elmer Gruñón... ¿se acuerdan? —y empezó a cantar— *Ahime che furia, ahime, ahime che folla, uno alla volta per carita, per carita, per carita, uno alla volta, uno alla volta, uno alla volta, per carita!...*

—*Figaro!* —dio un gritito Helia sonriente.

—*Son qua* —le siguió la broma Amanda.

—*Ehi, Figaro!* —volvió a entonar Inés.

—*Son qua* —canturreaste tú que inmediatamente fuiste seguida por todas— *Fígaro qua, Fígaro la, Fígaro qua, Fígaro la, Fígaro su, Fígaro giu, Fígaro su, Fígaro giu.*

Se dejaron vencer por las carcajadas que les nacieron del mismo estómago para después quedarse mudas, pero Gabriela seguía dispuesta a continuar desahogándose:

—¿Saben que ha estudiado enología? Pues sí, hijas, sí. Y ahora me mira como si fuera un deshecho de la sociedad cuando me echo gaseosa en el Don Simón.

Poco después de que Gabriela ya no pudiera soportarlo más, "pidió la cuenta" y se largó a vivir de nuevo a casa de sus padres. Inmediatamente después dejaron de recibir noticias de Marta.

Supieron por Olivia y por Patricia (a las que nunca les comentastaron nada de lo que les contó Gabriela, por supuesto) que se casó con Javier dos años más tarde. Desconoces si ese pobre Javier sabe donde se ha metido. Si acaso cree que ha encontrado un *Sudoku* de apasionante resolución, su particular primo de Mersenne, o si sufrirá mucho cuando se dé cuenta de que lo que en realidad posee, es un simple 1, que al multiplicarse con él, deja de tener valor. Y que él, de continuar por estos derroteros, llegará a ser lo mismo que un cero a la izquierda.

Su prima se sintió muy dolida porque había recibido una nota, junto con la invitación, con normas de conducta para asistir al banquete: los invitados a la ceremonia debían ocupar sus asientos en los bancos de la iglesia y no levantarse hasta que no llegara la novia. El arroz quedaba terminantemente prohibido, era vulgar y molesto. Si se quería lanzar algo, podrían llevar pétalos de rosa. Durante el banquete se evitaría a toda costa toda blasfemia o comentario soez. Bajo ningún concepto se chillaría deseando felicidad o vida a los novios, ni a los padrinos, ni a nadie. Y si alguien deseaba que los novios se besaran, tendrían que hacer sonar las copas del champán golpeándolas suavemente con los cubiertos. Eso, y el protocolo: se debía vestir de corto y con sombrero de mañana. ¿Pero quién se habría creído que era ella para dar órdenes a la mismísima Olivia?

Cuando se lo contaron a Gaby, ella rió sarcástica:

—¿No les hizo a los empleados de papá formar un pasillo alzando, todos, sus taladradoras y sus martillos? ¡La pena que le daría no ser hija de militar para pasear con su flamante esposo bajo los sables!

¡Ah! Olivia también les contó que se operó el himen para volver a ser virgen. ¡Madre mía, a lo que es capaz de llegar esta chica para continuar con su mentira!

Marta las ha tachado de su agenda, ha suprimido sus teléfonos del celular, ha rasgado sus fotos, postales y cartas. Las ha eliminado del mapa. En realidad las ha borrado de su vida porque ya no pueden enseñarle nada más. Ella ya tiene una personalidad y no necesita chupar más de la suya. Y, además, tienen demasiada información.

En la vida de esta clase de personas hay un momento crucial en que deciden reinventarse a sí mismas y, claro, no hay nada más molesto que continuar frecuentando a gente que te conoce muy bien y desde hace muchos años.

Por tanto, las niega (no una, ni tres sino setenta veces siete) antes de que el gallo cante. Pero a ustedes, sobre todo a Gabriela, les deja totalmente indiferentes su marcha.

E incluso son capaces de brindar a su salud:

—Adiós, Bertoleja, tanta felicidad te lleves como descanso nos dejas.

O, DE ORGANIZANTA

Una prueba de amistad nos la
da el que soporta nuestros consejos.
José María Tallada

En cualquier organización hay siempre una persona que
sabe de qué va la cosa. Esa persona debe ser despedida.
Ley de Conway

Patricia era Leo, como Amanda, así que a sus fiestas de cumpleaños siempre las acompañaba el buen tiempo. Allí estaban todas, jugando en su maravilloso jardín.

Su hermana, Martita, no hacía más que perseguirlas y querer apuntarse a todo cuanto jugaran.

—*Osssea*, no puedes —prohibía Patricia— Contigo, hacemos número impar y así se rompen los equipos.

—¡Sí puedo! —pataleaba la niña— porque tú eres una vaca, y cuentas como dos, y yo soy pequeña y cuento sólo como medio.

Olivia, que es la prima de ambas, se acercaba pacificadora:

—Pero, mujer, déjala jugar, nunca la encontramos y así no se enfada porque no se la tiene que ligar.

Pero al cabo de media hora de "suerte", Martita volvía a las andadas:

—¡Te voy a acusar con mamá! ¡Me has visto!

—Que noooo —contestaba Patricia— que no te he viiiiiistoooooo, *ossssea*, ¡te lo juro por Snoopy!

—Pero no salgas, tonta —replicaba la voz de Olivia que sonaba de algún recóndito lugar— mejor si no te ve, así no te la ligas.

Como aquello ya empezaba a resultar cansado, decidieron jugar al basquet.

—Yo también juego —volvía a apuntarse Marta.

—No puedes, mona —aconsejaba su hermana— eres muy pequeña y te vamos a hacer polvito.

—¡Sí que puedo! —se enfurecía de nuevo.

Olivia se acercaba conciliadora al oído de Patricia para cuchichear:

—Pero, ¿qué te cuesta? Que juegue, no le damos y ya está.

Lo malo es que Martita era terca de narices y al cabo de un rato (justo cuando era Patricia la que tenía el balón) empezó a quejarse de nuevo:

—¿Ves como no me das? ¡No estás jugando conmigo! ¡Es como si no existiera! ¡Voy a acusarte con mamá!

Antes de que Olivia pudiera decirle aquello del "mejor, tontina, así no te la quedas" Patricia echó humo por las orejas. Estaba realmente harta de su hermana y de que una "miserable enana" como ella le estuviera fastidiando "su día". Tomó el balón y lo lanzó con todas sus fuerzas contra la niña, con tan mala pata que éste chocó contra el rostro de la pequeña.

La nena se puso totalmente morada y no podía arrancar a respirar, cuando menos a llorar.

Allí estaba la pobre Martita, rebuznando, cuando Olivia corrió como una exhalación llorando:

—¡La has matado, la has matado!

Martita rompió en mil lágrimas y todo volvió a la normalidad.

Más tarde, te enterarías por Patricia de que Olivia era la primera que lloraba cada vez que se caía cualquier otra persona:

—*Ossssea*, yo estoy corriendo, ¿no?, ella corre detrás de mí para decirme que no corra, que me voy a caer, ¿no?, me caigo, ¿no? Y antes de ponerme a llorar, ¿no?, *ossssea*, antes incluso de enterarme de que me he hecho daño: llora ella.

Olivia es encantadora, lo que ocurre es que es la única hija de siete hermanos y encima, la mayor. Estas circunstancias han hecho que Olivia sea lo más parecido a tu madre que te has echado a la cara. Debe ser que está acostumbrada a poner orden entre tanto hombre, a organizar la vida de ellos y, cuando puede y la dejan, la suya propia, a limpiar lo que ellos ensucian, a ordenar leoneras...

El caso es que una tarde de compras con ella, por ejemplo, es insufrible. Han quedado para comprar zapatos y ella conoce una calle de Madrid, cercana a Hortaleza, donde hay un montón de tiendas de muestrarios.

Son tiendas donde se venden, a muy buen precio, los zapatos que se utilizan en las pasarelas, o provienen de temporadas anteriores.

—Vamos, niñas, que esta es la segunda tienda y nos quedan quince más.

Cuando van por la cuarta, ya han encontrado los zapatos que les gustan y que realmente están muy bien de precio.

—¡Qué monos! —dices tú— me voy a llevar estos.

—¡Ni hablar! —dice Olivia— nos quedan trece tiendas más. Les aclaro cómo funciona esto: miran los zapatos que hay en cada tienda, se quedan con los precios y los modelos, y cuando ya han visto todas las tiendas, entonces ya saben cuales son los más bonitos y cuales los más baratos. Entonces volvemos por ellos. Porque estos mismos los puedes encontrar mejorados.

—¡Aaaah! —te atreves a decir.

—¡Ay, qué dolor de pies! —gimotea Inés.

En la novena tienda ya te sentías como si te hubieran encerrado en el ropero de Imelda Marcos. Estás mareada por completo y te paras ante las estanterías de zapatos sólo por descansar, pero si Olivia te mira, tomas un modelo y lo analizas con detenimiento: miras el tacón, la marca, la talla, el precio...

—¡Vamos nena, espabila! —te riñe ella— que el zapato no te va a decir nada.

—¡Ay, qué dolor de pies! —insiste, en voz muy baja, Inés— ¿No vamos a descansar? Yo tengo sed. ¿No quieres tomar tú algo?

Después de hacer el maratón de las diecisiete tiendas de los mil y un zapatos, tú estás a punto de reventar. Te duelen hasta tus zapatillas deportivas, todos los huesos, la cabeza, ¡las pestañas...! Estás al borde del desmayo. Tampoco recuerdas ni los modelos, ni las tallas, ni los precios. Solo miras los sillones de cuero marrón que hay ante los espejitos de pie. No puedes apartar tu vista de ellos y venderías tu alma al mismo diablo por sentarte. Sí, y también porque Inés se siente y se calle porque ahora (además de la sed y del dolor de pies) también tiene ganas de hacer pis.

Eliges unas sandalitas de piel negras y te sientas a probártelas.

Cuando te las pruebas, tú no sabes ya si es la sandalia, o que te has sentado al fin, pero te sientes flotar en una nube de algodón y te las compras, ¡cuesten lo que cuesten! ¡Vaya si te las compras!

Las sandalitas aquellas solo te las pusiste el día en que las estrenaste, porque te hicieron una ampolla cuya circunferencia se salía de tu talón y no fuiste capaz de aguantarlas. ¡Ah! Y nunca volviste a ir de compras con Olivia.

Olivia en la piscina era todo un cuadro. Solían ir al chalé de Patricia cuando no estaban sus padres para ponerse en *topless*, pero Olivia conferenciaba sobre la inconveniencia de tomar el sol en esa área tan sensible de la piel. Resulta que el pecho femenino tiene unas glándulas rellenas de una grasa que se puede disolver con el calor del sol (*¿ein?*) y, por tanto, el busto pierde totalmente su firmeza y su lozanía.

En fin, para no escucharla, todas se taparon la "delicada zona".

A cada una les recetó el factor de protección que debían usar. Y, a medida que se dirigía a una u otra, iba suministrando el bote adecuado. A Gabriela le bastaba con el seis, pero Patricia debía llevar el veinte, Marta tenía que llevar el quince y en cuanto a ti y a Helia, el que más les convenía era el doce.

Seguidamente, miró al cielo y señalando al horizonte, una vez más, organizaba:

—Ayúdenme a colocar las sillas, que el sol está allí.

Y tú te quedas pensando en qué más dará donde esté el sol, si pega igual y te tuesta lo mismo. Pero, antes de abrir la boca, ella habla sobre el fastidio de que te pegue más en el muslo derecho que en el izquierdo, o que tu pecho te haga sombra sobre el escote y tu nariz sobre la frente.

Como no vale la pena discutir y en realidad estaban deseando tumbarse, no protestaron ninguna.

Cuando estabas soñando ya con tu príncipe azul, sonó un despertador:

—¡Niñaaaaaaaaaaaas! —era, como no, Olivia— vengaaaa, a darse la vuelta, que ya ha pasado media hora. ¿No quieren estar más morenas de espaldas que de frente, verdad?

Así fue el resto del día: boca-arriba, boca-abajo, boca-espalda, boca-tripa, boca-lado... Ahora sabes cómo debió sentirse san Lorenzo durante su martirio en la parrilla.

Claro que san Lorenzo no tenía que darse un chapuzón a cada rato en la piscina porque, al parecer, "las gotitas de agua operan como una lupa sobre la piel" y de este modo ligas más bronce. Pero, claro, después de bañarte, ¡no podías usar la toalla! Porque las "lupitas" desaparecían y con el frotamiento de la tela se iba a tomar por el saco la protección solar.

Y, ¿qué me dices de dormir con ella después de una noche de farra? Lleguen a la hora que lleguen, ¡hay que desmaquillarse y darse las cremitas de tratamiento! ¿No pretenderás levantarte hecha un asco y con un revulsivo acné por no haberte limpiado la piel como Dios manda?

Olivia siempre hace las cosas como Dios manda. Aunque debe tener línea directa con el santísimo y tiene toda la pinta de que él solo manda las cosas a través de ella. A pesar de todo, Olivia es una buena tía y siempre está pensando en el bien de las demás, como una buena madre.

Aunque es mucho más divertido criticar a tus amigas con tu madre. Porque Olivia jamás opina nada en contra de una amiga. Te pone de los nervios que, más o menos, todas estén de acuerdo en que alguna de ustedes se ha portado fatal en alguna ocasión. O que la falda que lleva le queda como si se la hubieran tirado desde una terraza. O que ha engordado tanto que se está pareciendo a una foca. O que el chico con el que sale es un cerdo y no le pega nada... Y ella, ahí calladita, tan discreta ella... tan mona.

Hasta sospechas que algo raro pasa con Olivia. ¿Es que es tan perfectita que nunca, pero lo que se dice nunca, sufre de lengua viperina? Ya te da cosa hablar de cualquier tema con ella, a ver si vas a quedar como una criticona como Lola. Aunque, si le damos a cada uno lo que tiene, ella es muy sincera y no tiene pelos en la lengua a la hora de decirte lo que piensa.

Si salen a una discoteca y allí está tu queridísimo Marcos, ella se va a encargar de que todo esté en perfecto orden. Por ejemplo, tú no puedes mirar de ninguna manera, no vaya a ser que él se crea que estás por sus huesos:

—¡Atención, Paula! —te alerta en clave militar— ¡Marcos a las seis y diez!

Tú nunca sabes qué ubicación es esa. Ni las dos y cuarto, ni las cuatro y media... Así que te tiene mirando de cabo a rabo la plaza hasta que al fin consigues "situar" al enemigo.

Se encargará de observarlo durante toda la velada y cuando él te mire a ti, usará su contraseña secreta, que es tocarse el pendiente derecho con la mano izquierda. Está al tanto de todo.

—Cambia el sitio con Amanda, que Marcos te ve a la izquierda y tu plano bueno es el derecho.

Pero como todas la usan para lo mismo, resulta que al final no sabes si tu chico está loco por ti, o pasa, o es el de Amanda el que está loco por Patricia... Porque ella no para de tocarse el pendiente derecho con la mano izquierda, y luego la ceja izquierda con la mano derecha, para después frotar su nariz con un único dedo, ahora con dos, más tarde aparta tras la oreja su mechón y tras esto sopla su flequillo...

Y, en aquella misma época, se la tragó la tierra durante casi un mes.

Siempre que la telefoneaban nunca podía salir. Hoy porque tenía un examen. Mañana porque se iba de cumpleaños. Pasado porque tenía un dolor de muelas insufrible. Al otro, porque no se había lavado la cabeza. Al siguiente, porque se la tenía que lavar...

—Yo sospecho qué es lo que pasa con Olivia —dijo un día Lola.

—¿Qué pasa? —preguntaste tú.

—Pues que tu querido Marcos le ha pedido salir —respondió ella— eso pasa. Me lo ha contado Patricia.

¡Dios mío! ¿Cómo ha podido ocurrir? Claro, tanta mirada en la discoteca para ver si te miraba a ti... estas cosas pasan. Al pobre chaval le han armado un lío tremendo.

—Y claro —continúa ella— yo imagino que a ella también le gusta aunque la Patty no ha cantado.

Efectivamente, tu corazón se rompe en mil pedacitos cuando observas que Marcos mira, pero mira al "pelotón" y alarga el cuello como un avestruz, como buscando algo que se le haya perdido.

El próximo sábado tú tampoco sales y Helia se queda contigo en casa.

—¿Pero cómo tienes tan mala onda? —pregunta.

—¡Encima! —reprochas tú— ¿Qué culpa tengo yo?

—Pues muy sencillo, amiga. Es evidente que la intención de Oli no era ligarse a tu galán, pero ha salido así. Si él le pide salir y ella responde que no, es cuestión de días que él la olvidará y saldrá con otra, porque tú no le gustas. Así que te quedaras sin Marcos y Olivia.

—Y, ¿qué quieres que haga? —tú no das crédito a tus oídos.

—Pues que hables con ella, le digas que ya no te gusta o que no te importa que salgan juntos. Total, ese no es para ti.

Abres la boca pero eres incapaz de emitir ningún sonido. Suspiras y tienes que reconocer que Helia tiene toda la razón. Es un bombón pero en la envoltura viene escrito otro nombre. Te fastidia que Helia sea tan "práctica". Para ella ningún hombre merece la pena.

—Si no lo haces, al final te verás más sola que el uno —continúa— o se terminará por romper el grupo. Algunas irán con Olivia y otras se quedarán contigo. Y muchas como yo, sin ir más lejos, nos quedaremos a caballo entre las dos, o decidiremos ir donde vaya la mayoría. ¡Ningún chico merece tanto esfuerzo ni tanto sacrificio!

Seguiste el consejo de Helia, aunque Lola te vino a comentar a los dos meses:

—¡Jo, pobre muchacho! —exclama— le tiene como al perro del lazarillo: de allá para acá y de acá para allá, haciendo de taxista de todas para que nos lleve a tal o cual sitio, a casa, que no vayamos solas, de compras... le dice lo que tiene que decir, hacer, vestir, beber... ¡Mal cambio hizo!, ¿eh?

Pero ahora la que calla eres tú.

La organizanta es una buena amiga y nunca te fallará. Puede ser que no sea tan divertida como el resto. Pero va a ser esa "vocecita de la conciencia" que te dirija hacia la luz cada vez que te pasees para el lado oscuro. Es el pilar de la amistad. Mantendrá la calma cuando todas estén al borde de un ataque de nervios. Las reconciliará cuando ya no se traguen unas a otras.

Siempre, no importa lo que hagas, te sentirás en deuda con ella porque siempre va a poner más que tú en la balanza. Pero, eso sí, es una amistad que se suele disfrutar mucho más en la madurez. En la adolescencia la tipa es un ñoña mayúscula.

P, DE PRINCESITA

Hay una teoría infalible sobre la amistad: siempre hay que saber qué se puede esperar de cada amigo.
CARMEN POSADAS

Patty vino con la genialidad (*osssea*) de que se fueran a esquiar (*¿no?*). Pero la verdad es que tú no habías esquiado en tu vida (*¿no?*) y a las demás no les apetecía nada gastarse un dineral en la dichosa semanita aquella en Saint Lary (*¿no?*). *Osssea* que ni siquiera Inés estaba dispuesta a acompañarlas.

Su hermana Marta estaba enferma, así que Patricia te dijo que podrías pedirle prestado su equipo (salvo las botas, porque tenía un número muy pequeño y los esquís que, por norma, no se los prestaba a nadie), por lo que la cosa se abarataba bastante.

Al final, como eres una santa, le dijiste a Inés que fuera ella la que dispusiera del equipo de Marta y tú te las arreglarías con los ahorros de la paga de un año entero.

Te esmeraste cuanto pudiste en ataviarte dignamente, sobre todo, teniendo en cuenta que ibas a ir con Patricia y que Inés iba a llevar el equipo de Marta. Por tanto, no les faltaba detalle a ninguna de las tres: gafitas Ray-ban súper *fashion*, gorrito a lo Eminem pero Helly Hansen, diadema estupenda con orejeras de Fumarel, mono super-mono marca Descente, polar "maravilludo" marca Spyder, chubasquero

North Face, protector labial color perla de Payot, protector solar de La Prairie y otro de Lancaster a colorines para poner sobre la nariz y en los pómulos (como los indios). *Osssea* divinas de la muerte ¿no? Se les iba la vida en intentar evitar que Patricia les pusiera cara de asco si sacaban la sudadera Lloyd's y el bronceador de Nivea.

Y llegó el momento de meterse en el bus.

Patricia iba con su novio "Cari" que, como siempre lo llamaba así, nunca se enteraron muy bien de su nombre. Y ahora que te lo cuestionas, ¡qué bien hiciste en invitar a Inés! Porque más "de más" no podías haber estado.

Cari era un chico muy atractivo, pero a Inés y a ti se les daba un aire a Drácula, por aquello de ir engominado desde las cejas hasta el cogote y con el cabello bien pegadito hacia atrás. En su Rolex de oro y acero llevaba una calcomanía con la bandera de España.

Ellos dos habían llegado primero, e Inés y tú llegaron justo a tiempo de tomar los asientos del siguiente modo: Inés, con un japonés que se pasó el viaje enterito leyendo *El Marca*. Y tú con un tal Ignacio que no paró de hablarte de lo bien que le estaban funcionando las acciones en la bolsa. De continuo ruido de fondo en el autocar: "*osssea, osssea, osssea*".

Cuando llegaron al apartamento, resultó que sólo había una habitación que lógicamente debía ser para Patty y su chico. Inés y tú tuvieron que abrir el sofá-cama que había en el salón.

Solo había un armario (en la habitación de Patty y su Cari) así que Inés y tú tuvieron que arreglarse con las sillas, el cuarto de baño y la misma cocina.

Por la noche se encontraron con la tarea de tener que hacer la cena para los cuatro, porque Patricia, siempre con servicio en casa, no sabía freír un huevo. Y, en cuanto a su costillita, que debía tener también servicio (o una pobre y abnegada madre) se puso cómodo vistiendo unos calzoncillitos de rayitas blancas y rojas y secuestró el control remoto de la televisión.

A ustedes les dio risa. No todo el mundo puede permitirse el lujo de conocer a Drácula vestido del Atleti, pero se aguantaron hasta la noche, una vez que estuvieran en el sofá comentando las jugadas de la jornada.

Cual fue su sorpresa que cuando empezaron a reír (muy sigilosamente) y el tipo aquel las mandó callar:

—*¡Sssscccchhhhhh*!

Y ustedes, que no podían evitar imaginárselo en el ataúd con el dedito en los labios y vistiendo (o no, según) los trajecitos de vampiro tan monos, cuanto más las mandaba callar y más risa les daba.

A la mañana siguiente, Patricia tuvo a bien dejar a su Cari por unos instantes y acompañarlas a la tienda de alquiler de esquíes.

Tú te probaste las botas y te dio la sensación de que te habían puesto dos yesos. Por lo que no te extrañó nada la reacción de Inés:

—*¿Ggandes*? —le preguntó el de la tienda a tu amiga.

—No sé... —se encogió de hombros.

—¿Pequeñas?

—No sé...

—*Bon, allez!*[3] —atajó él. Y al ver que se quedaban como

3 Pues (bueno) venga (vamos)

bobas, les dio una palmada ante las narices y volvió a repetir— *alléz, alléz!*[4]

Se ajustaron los esquíes, tomaron sus recibos y se largaron de mala manera.

—Hala, vamos —dijo Patty.

—Pero... ¿cómo que vamos?, ¿adónde? —preguntó Inés.

—*Osssea*, ¿a la piscina?... —ironizó Patty— a la pista, a esquiar, ¡venga!

—Pero, me tienen que devolver mis zapatillas —dijo Inés.

—*Osssea*. ¿Eres tonta? —se abrió de brazos Patty— ¿Y cómo las enganchas a los esquís? Ya las recogerás el día que devuelvas las tablas.

—Es que... ¿cómo voy a andar con esto?

—*Osssea*, un pie delante y otro detrás —se empezaba a hartar Patty.

Así que ella echó a andar como si fuera a apagar un fuego y ustedes se quedaron agarradas intentando llevar el paso, mientras mordían la lengua para eso mismo: tratar de concentrarse en la labor de avanzar un pie y luego llevar el otro a la misma posición.

Cuando llegaron a la pista (tras una larguísima media hora de camino de unos quince metros, no más) Patricia, ya con su Cari, y con las manos apoyadas en la cadera, les dio las pertinentes instrucciones:

—Primero meten la punta del pie en este gancho, luego bajan el talón de un golpe y ya está.

—Ah.

—Esto es como patinar... primero deslizan un pie y luego el otro...

---

4 Venga, venga (vamos, vamos)

—Ya.

—Es importante que sepan coger la percha: no tienen que sentarse ¿eh? Sólo colocarlo entre sus piernas y hala, para arriba.

—Vale.

—Y, sobre todo, no se metan por pistas negras, ni rojas, *osssea*... —y las miró casi con compasión, como si fueran un par de despojos— ¡Ni azules!... mejor no se muevan de las verdes...

—De acuerdo —dijo Inés— ¿Y dónde están esas verdes?

—Por allí... —y, señalando al horizonte con un movimiento de cabeza, les señaló un plano. Y tú pensaste que era más factible que el japonés hubiera entendido *El Marca*, antes que ustedes esos laberintos de números y líneas rojas, negras, azules y verdes.

Aprovecharon que había una pequeña cuestecita hasta la próxima percha para deslizarse por ella. Pero cuando vieron que no llevaban el paso como les habían instruido (es decir, uno delante y otro detrás) sino todo delante y el cuerpo que las tiraba hacia atrás, Inés chilló:

—¿Y cómoooo paraaaaaaamoooooooooooooos?

—¡Haciendo la cuñaaaaaaaaaaaaaaa! —gritó la lejana voz de Patty.

—¿Y esoooooo? —chillaste tú— ¿cómooooooo eeeeeeeessss?

—Haciendo una uveeeeeeeeeeeeeeee con las tablaaaaaaaaaass,

—¿...?

—¿...?

—¡PERO ASÍ NOOOOOOOOOOOO! ¡Al revéeeessss! ¡Una Aaaaaaaaaaaaa! —se dirigió hacia ustedes.

—¿...?

—¿...?

—O así también —y se rió.

Se refería al otro modo de parar, al de ustedes, vaya. *Osssea*, a caer de culo.

Decidieron que lo mejor sería recibir clases de un monitor calificado y se dirigieron a la caseta de los profesores aproximándose al que más pinta de responsable tenía. Al ver que hablaba español, llamó a un joven con rastas y un escorpión tatuado en el cuello, que se presentó como Eric. Mucha pinta de responsable no tenía, la verdad.

Eric, sin dejar de tomarse de ustedes, en sus mismas narices, les enseño a *haceg* la cuña, a *llevag* el *cuegpo* hacia delante y a *tomag* la *pegcha*.

Lo que Inés no llegó a controlar del todo, fue a elegir el mejor momento para bajar de la telesilla. En más de una ocasión tuvieron que esperar a que se hiciera el recorrido completo.

—*Maguía* —os aconsejaba Eric, que las llamaba María a las dos— Hay dos *nogmas* en el esquí. Una es no *comeg* nieve *amaguilla*, la *otga* es *evitag esquiag sobge* la nieve *maggón*, *pogque* si la pisas, *tegminas* comiéndotela, como las vacas.

La nieve "maggón", efectivamente, era un marrón. Se les quedaban las tablas enganchadas entre la hierba y las piedras y, al final, se daban un golpazo mediano.

Cuando pasaron las dos horas del cursillo, se aventuraron a tomar un remonte hacia una pista, que en el mapa estaba pintada de verde. Eso sí, la cruzaban varias líneas rojas y una azul.

Inés tomó una percha, dos o tres ganchos más avanzados que el tuyo, y, en mitad del camino, un gritito aterrado te llegó de la lejanía:

—Pauuuuuuuuuuuuuuuu, ¿cuándo se acaba eeeeeeessssstoooo?

—Tú no te suelteeeeees —contestaste tú— por nada de este mundo te suelteeeeeeeeeeees.

Mantuviste la fe sobre la idea de que, en cuanto terminara ese tormento, llegarías a encontrarte una explanada para torpes.

—Pauuuuuuuuuuuuu, me cagoooooooooooooooooo.

Cuando llegaste arriba, Inés estaba petrificada en mitad de una pista de menos de dos metros de ancho y con una pendiente de tomo y lomo.

Ahí no había cuña que valiera ya que, de hacerla, la mitad de los esquís se saldrían de la pista y tú preferías que la superficie de las tablas, en su totalidad, tocaran la nieve ya fuera amarilla, marrón, roja, verde, azul o negra.

Por tanto, solo tenías dos opciones, o tragarte a Inés y llevártela por delante, o girar a la derecha e irte precipicio abajo, fuera de pista.

Y eso fue exactamente lo que hiciste.

—Pauuuuuuuuuuu —fue una de las vocecitas que escuchaste— ¡No te vayaaaaaaaaaaaassssssss!

“Pero, ¿cómo que no me vaya? ¿Es que no ve que me estoy cayendo por el barranco?” —pensaste.

La próxima voz que escuchaste enseguida la reconociste como la del mismísimo conde Drácula:

—¡La pieeeeeeeeeeedraaaaaaaaaaaaaaaaaaa, cuidado con la piedraaaaaa!

Tú rodabas a tal velocidad que no creíste fueras capaz de ver la dichosa piedra aunque tuviera tu mismo tamaño.

Hasta que aterrizaste (en duro, pero no tanto) y al abrir tus ojos ahí estaba el conde de los calzoncillos del Atleti, extendiendo su mano hacia la tuya.

La verdad es que te alegraste mucho de verlo y, sobre todo, por la paciencia que tuvo el pobre de intentar levantarte y no dejarte sola hasta que besaste tierra firme abajote del todo.

Te fue orientando: "ahora tuerce, ahora intenta ir por donde yo, toma mi mano, no mires abajo, tú mira al frente..."

En fin, sorpresas que da la vida, que el muchacho se portó como un perfecto caballero. Hasta te remolcó en ocasiones con el palillo, para que no tuvieras que remar.

Tan pronto como te dejó a pie de pista, subió de nuevo para intentar "arrancar" a Inés de donde se había quedado clavada. Ella no hacía más que sugerir que podía hacerse la accidentada para que subiera un helicóptero a rescatarla, pero él no lo permitió. Y llegar, lo que se dice llegar, llegaron, aunque dos horas más tarde.

No sabes el por qué de la bronca. Puede que las culpables fueran Inés y tú. Conociéndola como la conocían, seguro que Patty le echó la bronca por dejarla sola durante el tiempo que tardó en rescatarlas. Pero el caso es que esa misma tarde se enfadaron. Justo cuando Patty pensaba invitar por su cumpleaños a todos, él se fue con unos amigos al apartamento y ustedes se quedaron solas.

Patricia les "invitó" (léase así mismo, entre comillas) a cenar en un restaurante en el que ella pagaría solo el café y las copas.

Había anochecido y Patricia ya había previsto dónde ir a cenar.

Se trataba de un restaurante muy fino, de esos de la *nouvelle cuisine*.

Al estudiar la carta con verdadera atención, Inés y tú se miraron atónitas.

Era totalmente inevitable mirar los numeritos, que aparecían tras cada plato.

Te excusaste para marchar al baño y, una vez allí, revisaste tu cartera y contaste billete a billete, el dinero que llevabas dentro. Al hacer la multiplicación por 25 pesetas, que era el cambio del franco, concluiste que allí no había más de diez mil pesetas. Y por más veces que repitieras la operación, el resultado sería el mismo.

"La madre que parió a esta tipa, sí que nos va a salir baratita la semanita, joder" —pensaste.

Te cruzaste con Inés, que ya llevaba el monedero en la mano, y supusiste que iba a hacer lo mismo que tú.

Cuando Inés volvió a la mesa, Patricia estaba radiante de felicidad y tú seguías mirando la carta con atención, como si esperases encontrar alguna cifra que no hubieras detectado a primera vista.

Al tomar su asiento, Inés apretó tu pierna con un solo dedo, y ocultándose a los ojos de aquella "sabandija", frotó varias veces las yemas de sus dedos, para indicarte que aquello les iba a costar una plata inmensa.

Tú, como respuesta a la señal, solo tragaste saliva.

Patricia pidió un plato totalmente desconocido, al menos el nombre no les dijo nada. Los números sí: el precio era uno de los más elevados de toda la carta. Inés eligió otro, idéntico en cifras al tuyo (es decir, los más baratos). Tampoco fueron capaces de averiguar lo que podía ser.

Cuando llegó el de Patricia, al fin se dieron cuenta que era un solomillo a la pimienta.

"Eso, venga. Y ¿por qué no gulas con caviar, hija?" —la miraste tú, mordiendo los labios, para evitar decírselo en voz alta.

Después te sirvieron a ti. El plato era enorme. Y justo en el centro, habría una o dos lonchitas de calabacín, con media cucharilla de café, no más, de carne picada sobre este, y algo espolvoreado. Podría ser queso rayado.

El borde superior derecho del plato había sido cuidadosamente adornado con una especie de caviar color naranja.

Volviste a mirar el plato esperando que éste te contara algún secreto.

El tercer turno fue para Inés. De nuevo aquel platazo. Y en el núcleo, dos uvas cortadas por la mitad, tres pasas, y unas dos o tres cucharitas de algo rayado.

Inés extrajo sus gafas de lectura del bolso y se las puso para mirar el contenido, convencidísima de que, con ayuda de las lentes, éste crecería en tamaño. Se preguntó cómo carajo, se suponía, que se tenía que comer eso.

Sirvieron el vino a Patricia para que lo probara e Inés continuó pensando.

Y justo cuando Patricia y tú tomaron sus cubiertos para comenzar, e Inés se dispuso a hacer lo mismo, el camarero llegó con una jarrita de líquido blanco y se lo echó sobre el plato.

"Ah, esto ya es otra cosa" —suspiró aliviada, sin abrir la boca.

El camarero recitó sonriente algo indescifrable acompañado finalmente de *mademoiselle*. Ahora que, más que sonreír, parecía estar sufriendo algún tipo de dolencia estomacal.

Inés te comentaría después (en el sofá) que parecía ajo blanco o un gazpacho raro.

Tú cortaste tus transparentes pedazos de calabacín tanto como pudiste. Tu mayor preocupación era no terminar tu plato antes que el resto de los comensales de tu mesa.

Inés contaba las cucharaditas pero sonreía feliz. No estaba mal del todo y aquel restaurante era muy romántico y elegante.

—Inés, pide un segundo —le jaleó Patricia— aquí cocinan de maravilla la carne, y bueno, el pescado tampoco está nada mal.

—¡Uy, no! —mintió ella— ya no puedo más.

Patricia te miró para hacerte la misma apreciación.

—Yo también estoy llena, fíjate —te adelantaste tú.

—Yo voy a pedir un postrecito —anunció Patricia— aquí están riquísimos los dulces. ¿No quieren ustedes?

—No, no, gracias —contestaron a la vez— el cafecito y ya está.

Inés y tú se miraron sin mediar palabra y se dedicaron a observar, con verdadero deleite, cómo Patricia hundía su cuchara en un *mousse* de chocolate, que parecía delicioso y del plato la hacía volar hasta su boca, relamiéndose y emitiendo gemidos de placer.

El café y las copas (¡cómo no!) había pensado que serían en otro sitio. Lo que les pareció una guarrada de las buenas, porque iba a ser lo único que iban a degustar con júbilo, sin tener que estar dándole cuerda a la calculadora que llevaban en la cabeza.

Y llegó el tan ansiado momento en que les trajeron la cuenta.

—Msms... bssds... dos y tres... sssiete... —la había tomado Patricia— Vamos a mitades, ¿no?

Inés y tú volvieron a mirarse. Ambas extendían la mano para comprobarla igualmente, pero nunca les llegaba la vez.

Tú hiciste cálculos mentales: "Mil setecientas por mi plato, otros tantos por el de Inés, unas mil por cada botella, que esta cabrona, con el disgusto del conde, se las ha tragado enteritas. Que se las lleva puestas las dos ella solita. Y el solomillo, unas dos mil quinientas. Y el puto postrecito de los huevos... ¡Joder! Ya no es que debiera haber pasado por el cajero, es que tendría que haber pedido un préstamo".

—Tocamos a doscientos francos, cada una, con la propina —dijo finalmente Patricia.

"¿Cinco mil pesetas por dos pedazos de calabacín cochino?"—pensaste tú.

"¡Virgen santísima! Tenía que haber chupado el plato" —se arrepintió Inés.

Salieron del restaurante como alma que lleva el diablo, sonriendo al camarero que las había tratado a las dos como si fueran un par de indigentes y que, por el contrario, a Patricia sí le mostró la dentadura, le dio recuerdos para sus papás y la invitó a volver cuando gustara.

—¿Y ese cafecito? —se frotó las manos Patricia una vez en la calle.

El cafecito y los licores costaron menos de quinientas pesetas y después Patricia las animó a irse a un Karaoke. Evidentemente, Inés y tú no tomaron nada más que un vasito de agua clara de la sierra, cada una.

Patricia se creía que cantaba muy bien. Debió ser que tantos años siendo la protagonista de los eventos en la guardería y el colegio dejaron mella en la chiquilla. Pero jamás pasaron tanta vergüenza como cuando se puso a entonar su canción de guerra "I will survive", que era la que cantaban todas juntas en las discos cuando a alguna la dejaba el novio.

Pero no contenta, cuando llegó el conde con los amigos (era el único sitio de copas del lugar) volvió a cantarla con todo el alma (estilo Rocío Jurado después de las quemaduras) y sin dejar de perdonarle la vida con su mirada penetrante.

Hicieron las paces en el camino, pero Inés juró que estaba segurísima de que no sería por la canción.

De todas formas duró poco. El conde se dio cuenta de que "la quería tanto, tanto, tanto, que tuvo que dejarla y ponerse a salir con otra de inmediato, para darle celos e intentar olvidarla a toda costa".

Lo que no olvidarás jamás de aquella semana fueron las agujetas: en las piernas, en las caderas, en las rodillas, en los brazos... Las del abdomen debieron ser de todo lo que se rieron, o del esfuerzo para levantarse cada vez que caían.

Cuando Amanda les preguntó si habían ligado mucho, no sabías cómo explicarle lo que era aquello.

—*Osssea*, ya se podía poner Tom Cruisse en bolas delante de nosotras —te burlaste— que íbamos a tal velocidad que lo único que se nos iba a ocurrir decirle era: ¡Apártate de en medio, imbécil!

Luego aquello de los buenos caballeros que se paraban para ofrecerte su mano y ayudarte a levantar, eso solo se veía en las películas. ¡Nada! A lo más, al derrapar, te salpicaban de nieve en todo la jeta.

No era un sitio adecuado para ligar, no señor. Tenías cosas más importantes en las que pensar: no pasarte a una pista roja o negra, evitar la nieve *maggón*, no *comegte la amaguilla*, hacer la cuña al derecho, no pisarte los esquíes, no llevarte al ajeno por delante, que nadie te atropellara por detrás, no caer...

En cuanto a Patricia, ya conocen su juego. Como Cari va con amigos, por lo que pueda pasar, es imprescindible que vayan ustedes de acompañantes y, preferiblemente, que no vayan vestidas con marca ACME. Pero, o sabes montar a caballo, esquiar, hacer submarinismo, tirarte en paracaídas y, al menos, llevar más de un millón suelto en la cartera, o no vas a olvidar la dura experiencia de acompañar a esta chica en cualquier aventura.

En cualquier caso, tampoco es que las necesite demasiado. En su cuento de Disney, ustedes serán la ardillita, el conejito o el perrito que habla de vez en cuando. Y, estando tan acostumbrada como ella lo está a llevar las plumas de Marcelina (o de Caponata) la línea que les toca decir en su película se limita a pío, o ni eso.

Y, DE YONKI

La amistad entre dos mujeres comienza o acaba por ser un complot contra una tercera.
ALPHONSE KARR

La amistad es un animal de compañía, no de rebaño.
PLUTARCO

A Yolanda la conocieron a través de Carolina. No recuerdas bien el momento en que empezaron a intimar con ella, pero la primera vez que la viste estaba en "el jardín", cerca de Pipo, en aquella fiesta en casa de su amiga y luego se quedó a dormir en la bañera.

Yolanda tenía una belleza tan espectacular como natural. Jamás iba maquillada, no sabía lo que era ir a una peluquería (su madre le cortaba las puntas) y siempre vestía con jeans que le favorecían como a nadie. Iba muy *hippie*, como sus jovencísimos padres, a los que llamaba por sus nombres: Bernardo y Mónica.

Vivían en una casa baja en Alfonso XIII, en la que no había jardín ni piscina. Sí un pozo y una manguera con la que en ocasiones se mojaban jugando. ¡Ah! y una huerta, de la que comían muy a menudo. De hecho, eran vegetarianos pero Yolanda no ponía el menor reparo en zamparse una hamburguesa con ustedes cuando le venía en gana. Jim Morrison casi siempre sonaba en los altavoces de la sala. Y si no lo hacía él eran Bob Marley o Jimi Hendrix.

Tenía un póster enorme en blanco y negro de Peter Frampton en su habitación. Cada vez que escuchas "Baby

I love your way" te acuerdas de ella. Era una de sus canciones favoritas.

Yolanda era distinta de todo cuanto hubieras conocido antes. Si bien al principio su modo de ser te recordaba mucho al de Carolina, enseguida comprobaste que nada tenían que ver. Puede que Carolina no supiera muy bien lo que quería pero, desde luego, estaba segura de lo que no, y tenía muy claros sus planes a futuro. Yolanda sólo se preocupaba por el presente. Según tu madre, por ejemplo, "Ernestina" (es decir, Carolina) era una frívola locuela pero "Tamara" (o sea, Yolanda) era una loca pasada de rosca.

Se dedicaba a vivir y a nada más. Vivir significaba cambiarse a su colegio (mucho peor que el suyo) solo por estar más cerca de ustedes. Terminar el bachillerato a duras penas. Y no querer ni presentarse al examen de admisión de la universidad, ¿para qué? Si sabía que no iba a malgastar más su tiempo.

Vivir significaba también no tener ni idea de si quería o no trabajar ni en qué. Y, por añadidura, probar y saborear todo cuanto pudiera, porque según ella: "No iba a disponer de mucho tiempo". Es decir, tenía la total certeza de que moriría joven. "Así haré un bonito cadáver".

Esto le hacía tener cierto encanto. Era la persona que más disfrutaba de los más insignificantes detalles: con una luna anaranjada, con un sol espléndido, con el arco iris, a veces solo le bastaba la sonrisa de un niño, una pelota y un charco para ser plenamente feliz.

Al atardecer las hacía trasladarse a algún lugar alto donde pudieran divisar la puesta del sol que ella observaba, sin pestañear, hasta que desaparecía el último rayo.

Era como un niño, o como un ciego que recobra la vista milagrosamente. Todo lo miraba con la misma ilusión de una primera ocasión. Ahora que lo piensas, quizá lo hiciera con la fascinación del que lo hace por última vez, con la intención de ir grabando imágenes en su memoria y llevárselas, de recuerdo, a modo de relicario.

Si, por ejemplo, estaban en plena calle cuando las sorprendía una tormenta, ella se tumbaba en el suelo y les gritaba:

—¡Miren! ¡Miren qué padre! Túmbense y miren cómo cae la lluvia vista desde abajo —y comenzaba a ronronear como un gato.

Por supuesto, todas sin excepción la mandaban al diablo. Y algunas la toleraban peor que otras:

—¡Ay, por favor, dile que se levante de ahí! —murmuraba Patricia totalmente exasperada— que luego va como una croqueta, bien capeada de barro y nos miran a todas como si fuéramos igual que ella... ¡Y dile que deje de hacer ese ruidito que parece idiota!

Yolanda provocaba distintas actitudes en el resto de tus amigas.

Carolina había cumplido con su conciencia, compartiendo con ella su amistad. De este modo se relajaba un poco. Si Carol tenía otros planes para salir y en ellos no estaba incluida Yolanda, dado su perfil psicológico, suponía que serían ustedes las que se encargarían de quedar con ella.

Hecho que las demás no daban tan por sentado.

—¡Oye, qué jeta tiene la Carola! —decía Amanda— ¡que se encargue ella de su amiguita! A fin de cuentas, a nosotras nos la ha impuesto por narices: sí o sí.

A Amanda le molestaba especialmente la presencia de Yolanda. Ya que su atractivo la hacía pasar desapercibida y no hay nada peor para Amanda que sentirse invisible.

Lola contaba chismes de Yolanda a todas horas. Al parecer, sabía de muy buena tinta que sus padres cultivaban marihuana en la huerta, y al papá le gustaba especialmente pasearse "como Dios lo trajo al mundo" por la casa. Y lo peor: Yolanda aún se bañaba con él. De todas formas, poco tendría que tragarla porque, tras un par de meses tratando con Yolanda, a Lola le dieron el finiquito.

Gabriela se limitaba a decir que había algo en esa chica que no le acababa de gustar. No se podía tener esa actitud tan pasiva ante todo, tan despreocupada.

—¡Es que no se moja por nada! —decía— ¿Cómo puede decir que pasa de política y quedarse tan ancha? ¡Vivimos con la política! Todo es política. Si no te preocupas un poco por ella y no te decantas por ningún lado, la corriente terminará por arrastrarte.

Marta, como su hermana, la pasaba francamente mal paseando al lado de Yolanda. Les molestaba esas "pintas" que se gastaba.

Olivia estaba preocupada. Yolanda no era buena compañía. Bebía demasiado, fumaba demasiado, comía demasiado... Cualquier día perdería el control.

Inés, como siempre, encantada de ser la "voluntaria a dedo" que tenía que llamar a Yolanda y pasar por su casa a recogerla. Lo que ocurría es que, a última hora, muchas veces recibía una llamada suya informando de que los planes habían cambiado o se habían cancelado. Entonces, Yolanda y ella se quedaban en casa de una o de otra o "se hacían" un cine de madrugada.

Tú no te sentías muy satisfecha con la situación. Yolanda te caía bien, igual que la pobre Inés, pero solidarizar con ellas significaba quedarte muchos días plantada. El curso se te estaba poniendo duro y no tenías mas que los sábados para salir. Así que no te apetecía nada llevar la vida social de un ermitaño.

Lo que más te dolía era que Helia, por una vez, no estuviera de tu parte en esta batalla. Debió ser que se aplicó a sí misma el consejo que te daría un día:

—No te encariñes demasiado con esta chica porque es ave de paso.

Los padres de Yolanda tenían un apartamento en Ibiza. Un verano se le ocurrió la gran idea de irse allí de vacaciones. Yolanda pasó de ser la persona *non grata* en el grupo a ser una tía fantástica.

Recordaste la tan frecuentada frase de Marta: "Por el interés te quiero, Andrés" (paradojas de la vida que ella hablara de interés premeditado) pero hiciste caso omiso a tu conciencia porque a ti te venía como anillo al dedo. Seguías estudiando, por lo que no tenías ni un florín para pagarte unas vacaciones como Dios manda. Solo tendrías que gastar en el billete de avión y en tus gastos de allí.

Olivia y su madre se encargaron de rellenar una maleta con latas, comida precocinada, yogures, café, azúcar, leche, fruta y galletas. "Un puntazo", como diría la misma Yolanda, sobre todo teniendo en cuenta el presupuesto con el que contaban.

¡Qué felicidad cuando todas se sentaron en el avión! Tomaron sus manos en el momento de despegar y se sintieron más unidas que nunca. Era maravilloso empezar esa aventura juntas.

Cuando llegaron a los apartamentos te hiciste una breve idea de lo que iba a ser pasar allí quince días. Una banda de irlandeses le daban duro a los tarros de cerveza, cosa mala, en la piscina. Un par de ellos se lanzaban al agua desde una terraza, que hacía las veces de un apresurado trampolín.

La farra empezaba desde muy temprano y acababa... bueno, nunca terminaba. Yolanda se hizo con un buen alijo de estupefacientes a través de su amigo Vicente e intentó convencerlas de que no tenían más remedio que consumirlos si querían soportar la marcha.

La mota, por ejemplo, estaba muy bien para echarse unas risitas de mañana. La coca les permitiría aguantar hasta la madrugada, frescas como rosas. El chocolate era indispensable para relajarse y dormir bien...

Tan pronto como te fumaste el porrito de marihuana, sentiste cómo un par de invisibles hilos te tiraban de los cachetes hasta las orejas.

—Sonríen como tontas —dijo Olivia a salvo de caer en la tentación— sólo les falta que se les caiga la baba. Yo no sé cómo se dejan convencer. De este verano vamos a salir todas muy tocadas o, si no, ya lo verán. Se les van a caer las pocas neuronas que les quedan...

—Oye, qué bueno esto del chocolate —decía Gabriela tumbada en la cama con su pijama de algodón— a mí esto me parece muy sano. Me dan ganas de comer, de beber y de follar.

—Pues vete a la piscina y díselo a los irlandeses —le contestaba Helia— A ver si se callan de una vez y nos dejan dormir.

A Amanda sí le hubiera gustado haberse hecho notar por los irlandeses, pero ellos, a pesar del exagerado contoneo de su amiga al pasar por mitad de la piscina, se habían aprendido de memoria el nombre de Yolanda y lo canturreaban, a todas horas, para llamarla.

Claro que no eran sólo los irlandeses. También había unos de Móstoles que, especialmente cuando estaban dormidas, las despertaban de voz en grito con un desafinado y desgarrador intento de imitar a Pablo Milanés y Silvio Rodríguez:

Si alguna vez me siento derrotado,
renuncio a ver el sol cada mañana.
Besando el credo que me has enseñado,
miro tu cara y digo en la ventana:
Yolanda, Yolanda,
Eternamente Yolanda. Yolanda.
Eternamente, Yolanda.
Eternamente, Yolanda.

O los de Castefa, que se picaron con los de Móstoles y perpetraban el tropical coro de la orquesta Alquimia:

¿Dónde estás, dónde estás, Yolanda?
¿Qué pasó, qué pasó, Yolanda?
Te busqué, te busqué, Yolanda
Y no estás, y no estás, Yolanda...

Allá donde ella fuera, siempre había alguien que gritara su nombre. Como aquel tal Nico:

—¡Yolanda! Ven que te voy a presentar a un colega...

—¿Para qué? —preguntaba ella con una indiferencia que pasmaba.

—Para que te conozca.

—Si ya me conoce... —alzaba la mano al viento y la meneaba de un lado a otro— ¡Hola!

—Pero ven, mujer, que sepa siquiera como te llamas...

—Si ya lo sabe, te ha oído toda la isla...

Debía ser que en la apretada agenda de los próximos diez años de vida de Yolanda (estando tan segura de disponer de tan poco tiempo) no había cabida para tener un romance con un señor, por muy estupendo que fuera. Cosa que aún desesperaba más a Amanda:

—Como sigamos el ritmo de ésta, no vamos a ligar ni un constipado.

En efecto, Yolanda quería llevarlas a cada punta de la isla en un solo día. El aperitivo tenía que ser en el sur, la comida en el norte, la cena en el este, la fiesta en el oeste y, a la mañana siguiente, la playa ya se salía del mapa. Lo malo era que habían acudido sin coche, claro, y tampoco tenían mucho dinero para poder alquilar uno entre todas. Así que si no hacían *auto-stop* tenían que conformarse con que algún conocido (incluyendo los irlandeses, los de Móstoles, los de Castefa, o el mismo Vicente) las llevara donde ellos habían decidido previamente.

Aquella noche Vicente estuvo pisando "enanos" en la discoteca. Debió haber consumido LSD y no hacía otra cosa que dar saltitos de un lado a otro, corriendo como alma que lleva el diablo:

—¡Míralos cómo corren, los maricones! —te dijo, dejándote sin aliento.

Así que no era aconsejable que Vicente las llevara a ningún lado y Yolanda se había empeñado en que tenían que conocer el Café del Mar, por aquello de ser un sitio típico y legendario de la isla.

Cuando subieron al apartamento, teniendo claro que se quedarían con las ganas, Carolina se ofreció voluntariamente:

—Yo me encargo de eso ahora mismo. Espérenme un momento.

En un santiamén Carolina abrió la puerta abrazada a un tal Guille.

—¡Pero, Carol, esto pasa ya de castaño oscuro! —se asustó Olivia— ¿Qué haces? ¿Quién es éste?

—Vayan saliendo que yo voy dentro de un rato —les cuchicheó en voz muy baja.

Carolina abrió la puerta de una de las habitaciones y desapareció con el chico tras ella.

—Ve desnudándote que no hay tiempo que perder —le ordenó.

El chaval, loco de contento, obedeció sin rechistar y se tumbó en la cama. Cuando se dispuso a acariciar a tu amiga, ésta cogió unos pañuelos y le ató las manos al cabecero:

—¡Eh, eh! —intentó detenerla el muchacho— ¡me gusta usar los brazos!

—Pues ni los brazos, ni las piernas —le guiñó un ojo mientras ataba los tobillos del muchacho a los pies de la cama— No vas a olvidar esta noche en toda tu vida, te lo prometo.

Una vez lo tuvo atado, disparó un beso al aire, cogió las llaves del coche de Guille y salió pitando hacia el portal:

—¡Vamos, corran! —les gritó.

—¡Hija de putaaaaa! —se escuchó aullar por toda la urbanización.

—Guille, no te enfades bonito, que te lo devolvemos sin un arañazo, te lo juro —gritó Carol.

Todas salieron de estampida hasta que llegaron a un callejón donde había aparcado un Renault 12, matrícula "AP".

—Éste es —indicó Carolina, tirando las llaves al aire en dirección a Yolanda.

—¡Cielo santo! —gritó Olivia— éste lo menos es del 77.

—¡Oye, guapa! —la riñó Carolina— que me ha costado mucho encontrar uno donde podíamos caber todas...

Yolanda cogió las llaves y se sentó en el asiento del piloto, dispuesta a arrancar. Carolina a su lado y detrás estaban: Patricia con Marta encima de sus piernas, Inés sobre el regazo de Amanda y Olivia te cargaba a ti. Con las piernas encogidas, en el maletero, iban Gabriela y Helia.

De repente el coche se estampó contra una alambrada y todas chillaron tras la correspondiente sacudida. Todas, menos Yolanda.

—¡Anda! ¿Y esto? ¿Cuándo lo han puesto? —se sorprendió ella tras el volante— ¡Huy, si es que no llevo encendidas las luces!

—Oye, Yolanda —se interesó Carolina con gesto de preocupación— No sabía que tuvieras licencia de conducir...

—Es que no la tengo —contestó ella como el que da los buenos días y habla del tiempo.

—*Bsssssd*... que estás en los cielos —le oíste murmurar a Inés.

Y tú empezaste a contar las florecitas de tu falda.

A la mitad del camino, justo en la carretera más oscura, el coche se paró y no hubo manera de echarlo a andar. Todas se pusieron a empujarlo, mientras Yolanda intentaba ponerlo en marcha de nuevo haciendo enérgicos giros de llaves.

Tras un buen rato sudando como cerdos, lograron que arrancara y, a duras penas, llegaron a un cruce donde unos policías de tráfico les hicieron señales para que pararan en la cuneta.

—¡Dios mío! —gritó Olivia— coche robado, dueño atado a una cama en pelotas, conductora sin licencia... ¡Nos van a llevar directamente a la cárcel!

—¡Calla, mujer! —la calmó Gaby— A ver qué historia se nos ocurre... ¿Me hago la enferma?

—¡La muerta, Gaby! —chilló Olivia— ¡Hazte la muerta, mejor! y entonces ya no nos falta detalle. ¡El fiambre en el maletero!

—Buenas noches —dijo uno de ellos, asomándose a la ventana de Yolanda— salgan del auto, señoritas, por favor.

Todas fueron saliendo de una en una y con los brazos en alto. No sabes a quién se le ocurrió la genial idea, pero como ovejitas, los alzaron igualmente sin preguntar. Recordaste aquella frase de tu madre: “Donde fueres, haz lo que vieres”.

Cuando el poli le pidió la licencia a Yolanda y la documentación del coche, te empezó a temblar el párpado derecho.

—*Bsssssss bsss*, madre de dios, ruega por nosotros pecadores —proseguía Inés.

Yolanda se encogió de hombros, pero antes de hablar miró al otro policía y le dijo sorprendidísima:

—¡Martín! ¿Eres tú? ¡Joér, tío! ¿Te has metido a puerco? ¡No se te puede dejar solo!

—¡Yolanda! —sonrió el policía asombrado— ¡Cuánto tiempo!

—Sí que ha llovido, sí —asintió ella muy complacida.

Todas bajaron los brazos tan aliviadas por el inesperado reencuentro, como por evitar los efluvios axilares que con la brisita nocturna empezaban a emanar, llenando todo el espacio circundante. Y comenzaron a sonreír, tal como describía fielmente Olivia, como tontas.

—¿No les da vergüenza ir tantas en un coche? —preguntó el tal Martín con los brazos apoyados en la cadera.

—¡Qué quieres, hijo! —miró de reojo a Carolina— ¡lo que hemos conseguido! Es que es la primera vez que mis amigas vienen a Ibiza y no pueden marcharse sin conocer el Café del Mar.

—Pues vamos a tener que multarlas —dijo el otro con cara de no importarle un cuerno que aquellos dos fueran conocidos.

—¡No me harás eso! ¿Verdad Martín? —suplicó Yolanda con las palmas de las manos unidas— Después de lo que hice...

—¿Qué hiciste? —preguntó Carolina en un murmullo apenas audible chocando su codo contra el de ella.

—Elegí especialmente a Martín, ¡entre un montón de posibles!, para que me desvirgara —respondió ella.

—¡Mujer! —se sonrojó él mirando de soslayo a su compañero— Además, no pasó nada...

—¿Cómo que no pasó? —alzó ella la voz— yo estuve dolorida una semana entera.

—Te empezaste a reír como una loca y no había manera de tomarse aquello en serio —Martín se acaloró tanto al recordarlo, que pareció que, por un momento, se había olvidado de los espectadores.

—Es que me dio la risa porque tenías la..., ya sabes, la "epe" torcida... ligeramente hacia la izquierda.

—Todos la tenemos *ligeramente* desviada hacia un lado u otro...

—Pero yo era la primera vez que veía una —se rió de nuevo Yolanda— Además, luego me callé cuando me dijiste que me concentrara.

—No te callaste, Yolanda —negó él con el dedo— empezaste a cantar "debajo un botón-ton-ton que encontró Martín-tin-tin...".

—¡No! —se echó a reír ella— ¡No lo hice en voz alta!

—¡Sí lo hiciste!

—¡Por Dios! —intervino Olivia— ¿No pueden hablar de sus intimidades en otro momento?

—¡Calla! —le interrumpió Gabriela empujándola con firmeza— Tendrán mucho de qué hablar después de tanto tiempo.

Inés dejó de rezar cuando Martín y su compañero se ofrecieron como voluntarios para llevar a la mitad de ustedes en su coche y las dejaron en el Café del Mar justo a la hora "fantástica" en que Yolanda decidió que debían sentarse en la terraza a contemplar el amanecer.

Martín finalizaba su jornada y decidió quedarse con ustedes. De este modo llevaría de nuevo a la mitad a casa. Y Amanda se dispuso a atacarlo sin perder más el tiempo. Le invitó una copa y se sentaron en un discreto rincón alejados de ustedes.

Al cabo de un rato, cuando te levantaste a rellenar tu vaso vacío con otro vodka con naranja, divisaste a Amanda, apoyada sobre su mano con el codo anclado en la mesa. Bostezaba mientras Mark Knopfler cantaba "Your latest trick".

Decidiste acercarte a ellos, el chico era guapo y parecía estar charlando animosamente.

—Ay, mira, quédate tú con Martín, que yo me voy a ver si veo a éstas —se precipitó Amanda a ordenarte, en cuanto te vio llegar.

—He debido de aburrir a tu amiga —te dijo él.

—No, es que debe estar cansada —la excusaste como pudiste.

—A ver, no he hecho otra cosa que hablar de Yolanda todo el rato —se avergonzó.

—Es lógico —lo disculpaste tú— ¿no? Es a ella a la única que conoces.

—Sí, es una chica formidable, de verdad —apuró su copa— Tienen mucha suerte de tenerla como amiga. Yo la conozco desde que iba como un golfillo, con su pelo corto y sus jeans deshilachados en las rodillas... siempre con los pies descalzos y llenos de arena. ¡Ah! Y su bici...

—Sí, ya veo... —bromeaste— y también la conoces a fondo, por lo que he escuchado antes...

—¡Qué va! —se echó a reír— yo siempre estuve enamorado de ella. Me golpeaba y caía a propósito para hacerme heridas y que ella me las besara para curarme. Así que un día me dijo que si decidía perder la virginidad, lo haría conmigo para pagarme todo el cariño que le había profesado durante tantos años...

—¿Y? —te encendiste un cigarro— ¿Eso es muy importante, no? Quiero decir que ella te eligió...

—¡No! —negó con la cabeza— Me dijo que eso de la virginidad era una lata y que había que perderlo cuanto antes porque iba a asustar a un montón de chicos si les decía que no lo había hecho nunca...

Te quedaste sin saber qué decir.

—Pero también vino desde Madrid cuando se murió mi madre... —bajó la cabeza— Es muy buena amiga.

Todas llegaron acompañadas de Yolanda y en ese momento acabó su conversación. Martín miraba a tu amiga como si fuera una aparición celestial. Más tarde hizo cuanto pudo por intentar quedar con ella, pero no obtuvo por respuesta nada más que un "ya nos veremos por ahí, si eso".

Cuando llegaron al apartamento, ya de día, Guille dormía aún, como un bendito, atado a la cama.

Inés preguntó a Yolanda si había estado con algún chico más en la cama que no fuera Martín. En realidad, empezaba a cuestionarse si realmente era un bicho raro. Al menos así se sentía cada vez que comentaba públicamente que había decidido perder su virginidad con el hombre con quien se casara.

—No, con ese me bastó ya, ¿eh? —respondió— lo del sexo no es tan maravilloso como nos lo pintan en las películas.

Después de soportar la bronca de Guille se fueron a la playa.

—Mira qué graciosas son las gaviotas —rió Yolanda— ¿No has visto cómo andan? ¡Míralas qué chulas!

Tú asentiste. Jamás se te había ocurrido pensar en el modo en que caminaban las gaviotas.

—¡Qué descaradas son! —seguía ella— ¿No te parece que están acostumbradas a ver demasiada peña alrededor?

Sonreíste y te acomodaste en la toalla intentando echarte una cabezadita. La noche anterior te había dejado KO.

—Escucha, escucha como se contestan unas a otras —volvía a reír— ¿Qué se estarán contando? ¡Qué alborotadoras son!

Ya casi la oías entre sueños cuando tras un corto periodo de serena calma escuchaste a Amanda gritar como si estuviera loca:

—Pero, ¿a quién se le ocurre, pedazo de subnormal?

Yolanda había sacado su bocadillo de la mochila y se había dedicado a dar trocitos de él a una gaviota.

Ya supiste qué era lo que se contaban unas a otras: "¡Aquí hay gula!" porque, de inmediato, se vieron rodeadas de gaviotas por los cuatro costados.

Olivia recordó la película de *Los pájaros* de Hitchcock, e Inés parecía que iba a explotar en carcajadas al descubrir la caca que una de las aves se había hecho encima de la coleta de Patricia.

Entonces, y nunca antes, pensaste que Yolanda empezaba a ser una bomba de tiempo, pero no lo tuviste tan claro hasta que faltaron solo dos días para su regreso a Madrid.

Durante esos trece días no la habían llevado mal del todo. Aunque Helia se empeñara en hacer todo cuanto podía por no encariñarse con "esa chica" demasiado. A pesar de que Olivia continuara sin aprobar la conducta de Yolanda y tampoco se sintiera especialmente satisfecha de la de ustedes. Marta y Patricia seguían sin aceptarla como "una de las nuestras". Amanda seguía picada con ella y Carolina parecía no advertir nada raro y proseguía con esa actitud tan suya de "pasar del paisaje".

En cuanto a Inés y a ti, como de costumbre, cualquier plan les parecía fantástico. Todas las comidas eran bien recibidas. Vestían como se los aconsejaran. Hablaban de lo que se terciara. Abandonaban la playa cuando se les ordenaba. Se iban a dormir cuando se acordara y, por supuesto, ocupaban el penúltimo y último turno en el uso del único cuarto de baño.

Ya podían hacerse pis, pos y lo que fuera menester que aguardaban el paso del séptimo de Caballería, por el aseo, antes de osar entrar en él. Y luego, por consiguiente, les tocaba retirar los pelos de los sanitarios, fregar el suelo de salpicaduras, limpiar la arena y tender las toallas que, por otra parte, más que secar empapaban más.

Incluso una tarde pasó algo gracioso que hizo que, por una vez, hicieran todas algo al mismo tiempo.

Inés era la última en la ducha y todas, desde la terraza, escucharon que canturreaba algo.

—Vengan, corran —dijo Yolanda divertida— no se pueden perder esto.

Todas pegaron las orejas a la puerta:

Virgen santa, virgen pura
vida, esperanza y dulzura,
del alma que en ti confía,
madre de Dios, madre mía,
mientras mi vida alentare
todo mi amor por ti,
mas si mi amor te olvidare,
madre mía, madre mía,
mas si mi amor te olvidare
tu no te olvides de mí.

Inés cantaba con tal devoción que no pudieron evitar estallar en carcajadas, que trataron de acallar con sus manos.

—Pero si eso no rima —comentó Gabriela— ¿Se la está inventando? No pega ni la letra ni la música.

Cuando salió del cuarto de baño, con una toalla enrollada a modo de turbante en la cabeza y el sacate en la mano, Yolanda de brazos cruzados retó:

—De aquí no nos movemos hasta que no nos enseñes esa canción tan bonita y nos la aprendamos de memoria.

Temiste la reacción de Amanda y, en ese preciso instante, la miraste de reojo. Ella chocaba su codo discretamente contra el de Carolina con cara de pocos amigos. Evidentemente, aquél no era un plan de su agrado.

Justo entonces te cuestionaste que en aquellos días habían estado especialmente unidas y Amanda no era santo de la devoción de Carolina, precisamente. Entonces temiste lo peor. Amanda era de las que solían tirar la piedra y esconder la mano.

Cuando estuviste realmente segura de tu presentimiento ya no tuvo remedio. Apenas recuerdas el motivo por el que se originó aquella pelea. Fue algo tan idiota como que alguien se comiera el último yogur de la nevera. El caso es que fue precisamente Carolina la que empezó a largar toda serie de improperios, por su boca, en contra de Yolanda.

Te chocaba y de qué manera lo que Carolina estaba berreando y sospechaste lo que realmente estaba ocurriendo. Era como si Carol se hubiera convertido en el muñeco del ventrílocuo. Sus palabras no procedían de ella, no le pertenecían. Eran las de Amanda.

—¡Además! —gritó ella— ¡No tienes una mierda! Hasta tus amigas..., éstas que ves aquí, son *mías*, porque yo te las he prestado.

Ahí acabó la discusión. Yolanda no volvió a pronunciar palabra en los siguientes dos días previos a su regreso.

Inés intentó calmar los ánimos. Tú esperaste que Helia acudiera en su ayuda pero desististe, al fin, al observar su mutismo. Hablaste, en la intimidad, con una y otra pero todo esfuerzo fue en vano. No era propio de Carolina. Sabías que ella solía compartir todo con todo el mundo. Y lo primero que te ofrecía era precisamente lo que más valoraba en su vida: sus amistades.

Una vez en Madrid sólo Inés y tú quedaban de vez en cuando con Yolanda. Nada volvió a ser lo mismo. El resto debió de asumir lo de su pertenencia a Carolina en exclusiva. Era totalmente ridículo pero nadie lo vio así. Te extrañó hasta el hermetismo de Inés con respecto al tema. Aún te preguntas si se dio cuenta del cambio porque jamás comentó nada de esto contigo.

Al cabo de unos años Yolanda se casó con Martín y se fue a vivir con él a Ibiza. Dos o tres años después las llamó (a ti y a Inés) para dar la noticia de que había sido madre por primera vez. Incluso tú y tu marido se acercaron durante unas vacaciones a verla a Santa Eulalia. Por aquel entonces, ya tenía la parejita.

Yolanda no había cambiado. Los niños correteaban alrededor de la casa con los pies descalzos y llenos de arena. Con la ropa sucia y los mocos colgando. Bebían del agua que había en un plato para los perros que no tenía (ella era así, siempre dejaba platos de comida y bebida para los animales callejeros y sacudía los manteles en el suelo del porche, para que los pájaros pudieran comer las migas) y, a la hora de cenar, les llamaba a gritos:

—Antonioooooooooooo, Lucíaaaaaaaaaaaaa...

Tal vez la gente diría que era una mala madre, pero a ti te dio la impresión de que aquéllos eran los críos más felices del universo.

Un miércoles, en el mismo café, a la misma hora, empezaban a impacientarse mientras Gabriela, Helia, Olivia y tú esperaban a Inés. ¿Le habría pasado algo? Ella era siempre la que esperaba, la más puntual. La que les echaba la bronca porque "tenía hambre, o frío, o pasaba mucho calor ahí, o le dolía la cabeza o ya no sabía qué tomarse para que el camarero no la mirara mal por no consumir nada y estar ocupando una mesa".

De repente, cuando perdían la esperanza de verla, apareció corriendo, portando una gran bolsa de plástico en su mano. No era nada novedoso, obvio, allá estaba Helia que sería la que recibiría la transacción.

Dobló su cuerpo por la cintura, jadeó y alzó la cabeza para observarlas:

—¡Yolanda! —los ojos se iluminaron con una pátina de luz temblorosa.

No dijo nada más. Pero tú tuviste un *déjà-vu*. Te preguntaste si lo habías soñado pero sabías que no. Era como si algo, o alguien, te hubiera adelantado qué era aquello que venía a contar.

Tenía treinta y tres años y toda la vida por delante pero ya había consumido el tiempo que se le había regalado. Iba en el coche con Martín y los niños, de excursión, a algún bonito lugar donde contemplar los últimos rayos de la puesta de sol.

Se dieron un golpe y ella y los niños salieron disparados del coche. Los pequeños fueron a aterrizar en un escalofriante desfiladero y ella con la cabeza en una piedra. La muerte fue fulminante.

Nadie imaginaba cómo los niños pudieron trepar hasta la carretera. Cuando les preguntaron (llenos de magulladuras, con las uñas rotas y las manos bañadas en sangre) ambos afirmaron que "mamá los había ayudado, claro".

Pues sería mala madre, pero se tomó un tiempito antes de emprender el largo viaje que le aguardaba para salvar la vida de sus hijos.

—Seguro que iban muy drogados —dijo Olivia— ¡Pobres criaturas! ¿Qué culpa tendrían ellos?

—¡¿Cómo se te ocurre decir eso?! —gritó Inés— Eres mala, Oli. Eres muy mala.

—No sería tan extraño —respondió ella— Incluso podían llevar droga para traficar en el maletero.

—Pero, ¿qué dices? —se exasperó Inés de nuevo— Ella no quiso hacer dinero con las drogas nunca. Sí risas, pero nunca dinero.

—Lo mismo era ella la que conducía, ya sabes —imaginó Gabriela.

—Pero, vamos a ver —volvió a defender Inés— ¿Cómo crees que iba a ser despedida del coche si hubiera ido tras el volante? El volante te para. De hecho, Martín fue el único que se quedó dentro porque ni los nenes ni ella llevaban el cinturón puesto.

—Y, ¿a ti quién te lo ha contado?, a ver, enteradilla —le preguntó Gabriela.

—Pues mira, —se dio importancia Inés— He llegado tarde porque ahora mismo acabo de estar en mi casa con Martín.

—¿Ha venido hasta Madrid solo para contártelo? —te interesaste tú.

—No..., no solo para eso —Inés guardó silencio en actitud muy sospechosa. Te miró con los ojos muy abiertos, como si quisiera decirte algo telepáticamente y, luego, al resto con cierto temor.

—¿Para qué, entonces? —sacudió la cabeza Olivia en su dirección.

—¿Dónde les parece que le gustaría estar a Yolanda, ahora? —Inés jugueteó con su pelo.

—¿Viva..., por ejemplo? —Helia, que hasta entonces había permanecido en silencio, se animó a conjeturar.

—¡Eso es obvio, Helia, joder! —protestó Gabriela y luego se dirigió a Inés— Y, ¿a cuento de qué viene eso, ahora?

—Pues... —Inés volvió a mirarlas temblorosa— Es que, veran, tenemos un problemita...

Inés extrajo de la bolsa de plástico dos fiambreras con cierre hermético.

—No me puedo creer que te hayas traído las croquetas a la cafetería —le dijo Helia.

—No son las croquetas. Son las cenizas de Yolanda. Ella había escrito un testamento y en él dejaba su última voluntad. Paula y yo tenemos que hacernos cargo de sus cenizas. Martín dijo que había escrito "ellas sabrán donde me gustaría descansar".

—¡La madre de Mahoma! —Olivia miró furtivamente a todos lados y sacudió un manotazo contra la bolsa— ¡Guarda eso inmediatamente! ¡Qué vergüenza!

—Sabía yo que no había sido buena idea traerla aquí con ustedes —se lamentó Inés y, tras haberlo dicho, sonó su nariz escandalosamente.

—Vamos a ver, —calmó los ánimos Helia— ¿quieres decir que lo que traes en los *tuppers* son las cenizas de Yolanda? ¿Y que ella quiso que fueran ustedes las que las derramaran por ahí?

—Exacto. Martín las trajo en una vasija muy bonita, pero no puedo ir por ahí con ella. Era muy grande y, además, la tapa se caía. Así que tuve que separarlas en dos *tuppers*, no me cabían en uno solo. Este para ti —Inés desplazó uno hasta situarlo al lado de tu vaso— y el otro para mí.

No pudiste abrir la boca. Te quedaste en silencio mirando a los recipientes y luego unas a otras.

—¿Qué hago con ellas? —preguntaste al fin— ¿dónde las tiro?

—¡Tira eso por la taza del excusado, anda, hija! —te aconsejó Olivia.

—¡Un respeto, por el amor de Dios, que es nuestra amiga! —le riñó Inés.

Y tras otra eternidad de mutis, Inés vuelve a dudar:

—Y, digo yo, ¿qué parte me habrá tocado a mí? Porque a ella siempre le gustaba tener los pies en el agua pero, sin embargo, le gustaba que el sol y el viento le dieran en la cara.

—¡No me lo puedo creer! —se echó las manos a los ojos Gabriela.

—A ver, Inés —dijo pausadamente Helia— Son cenizas, bonita mía. Ahí va todo mezclado: la cara, los pies, las manos, el hígado, los riñones, las criadillas...

—Pero, ¡qué bruta eres, Helia! —Inés se dio por vencida— ¡Qué bruta eres!

En los siguientes meses, Inés iba con su *tupper* a todas partes. Fue regando todo Madrid de Yolanda: la Cibeles, Neptuno, el Retiro, el Teleférico, la Casa de Campo, el Zoo, el Parque de Atracciones, los jardines del Palacio de Oriente... hasta se lo llevó de vacaciones con Gabriela a Mallorca. Mientras, tú seguías sin saber dónde podías lanzar tu parte durante casi más de dos años.

—¿Nos vamos con Helia y Olivia de excursión a la Silla de Felipe II en El Escorial? —se le ocurrió un día a Inés— ¿Te acuerdas cuando fuimos con ella? Se quedó allí sentada durante cinco horas. Nos fuimos al pueblo y a pasear y, cuando ya había anochecido y volvimos, allí seguía.

Sólo quedaban ustedes tres en Madrid. Así que se fueron hasta la silla de Felipe II a ver atardecer. El cielo apareció teñido de manchas rojas y naranjas y el sol ya comenzaba a ocultarse en el horizonte.

Inés se subió en unas piedras, tomó la fiambrera, sin tapa, con ambas manos y se dispuso a lanzar el contenido al aire ordenando triunfante:

—¡Vuela, Yolanda, vuela...!

Un soplo de viento llegó de la nada y, al chocar contra las cenizas recién vertidas, se las devolvió repentinamente. Ahora las croquetas eran ustedes.

Inés, envuelta en polvo grisáceo, se giró a su espalda. Allá estaban las tres tosiendo, escupiendo y parpadeando mientras sacudían sus ropas.

—¡Eres tarada, Inés! —gargajeó Olivia mientras se frotaba los ojos— ¡Y yo más por hacerte caso!

—¡La madre que te parió! —fue lo único que se le ocurrió decir a una Helia teñida de gris.

—¿Ven? —sonrió inexplicablemente Inés— Ha decidido Yolanda: ¡quiere estar siempre con nosotras!

—Pues ya tiene ganas, ya. Sobre todo de andar contigo —volvió a protestar Olivia.

Yolanda no pertenecía a este siglo, ni a este mundo. Por eso nadie la entendía. Nadie lograba explicarse cómo sabía decir sí cuando quería decir sí y, mucho menos, que se atreviera a decir no sin molestarse en buscar excusa.

Jamás mentía, nunca envidió a nadie, ni un solo día la escuchaste criticar o formular un reproche. Intentaba contagiarte de sus ganas de vivir y disfrutar de todo. Todo lo dio a cambio de nada.

Fue una buena niña, no tuvo apasionados y lujuriosos romances: el único hombre al que conoció en su vida fue con el que se casó y más tarde sería el padre de sus hijos. Sin embargo, solía quedarse sentada en la fría acera de las oscuras calles durante noches enteras esperando a que Carol culminara sus, tanto apasionados como atropellados, encuentros con el último ligue de turno.

¿Qué había de malo si Yolanda se fumaba un porrito de vez en cuando? ¿Acaso se lapidan a los fumadores? ¿Se encarcela a los bebedores? ¿Se fusila a los adictos al sexo, a los que engañan a sus novios, novias, mujeres y maridos? ¿A los mentirosos? De ninguna manera, pero ella sí era un elemento molesto a exterminar. ¡Vaya si lo era! Gente como ella hace que veamos con más nitidez la miseria de la que estamos cubiertos.

Y tal vez por eso, para no ver nuestros defectos con la misma claridad, para evadirse de esta realidad cruel que nos rodea, se fuman un canuto con más frecuencia de la habitual.

Menos mal que su naturaleza es sabia y les ha creado de tal material que tienen fecha de caducidad. Una fecha que no les permite quedarse demasiado rato. Son aves de paso.

VEINTE AÑOS NO ES NADA

La amistad disminuye cuando hay demasiada felicidad de una parte y demasiada desgracia de la otra.
ISABEL DE RUMANIA

CUANDO TE CASASTE, olvidaste a propósito coger algunas cosas de tu habitación de soltera. Entre ellas, los doce volúmenes de tu enciclopedia Espasa-Calpe que pesaban como un muerto. Y el caso es que los echaste de menos. A veces tenías alguna duda que consultar, o las niñas te pedían ayuda para hacer un trabajo del colegio.

Pero pronto llegó el fascinante mundo del Internet y el poner ADSL en casa. Ahora resulta maravilloso no tener necesidad de comprar el periódico o revistas del corazón, o bucear en las páginas amarillas para buscar un número de teléfono. Incluso hallaste recetas de cocina fáciles de hacer. También el modo de doblar las camisas en dos segundos, cómo pelar un huevo cocido soplando, cómo pillar cáncer bebiendo de una lata de coca-cola directamente, o tragando agua de una botella de plástico que ha estado expuesta al calor del coche. Conocer el último grito en timos para no caer en ellos, o los puntos de la autopista donde colocan un radar para controlar la velocidad. Podías bajarte canciones que en un pasado tenías en acetato y pasarlas a un CD. Porque, claro, ya no hacían cadenas de música con plato para vinilos y tampoco encontrabas un coche que tuviera reproductor de casetes.

Enseguida te creaste un correo electrónico en Hotmail y ya no tenías la obligación de llamar a las amigas. De vez en cuando reenviabas algún chiste con tus saludos. Algo tan frío como era una pantalla de computadora también tenía su cara amable. Si tus amigas te respondían, aunque fuera con otra broma o algún dibujito, te procuraba la confortable seguridad de que aún mantenías el contacto con ellas.

Fabuloso del todo el invento. Resulta que aquel niño, el tal Kevin *no-sé-qué,* a pesar de tener ocho años, cuando tú tenías doce y estar a punto de colgar los tenis por una enfermedad terminal ¡seguía viviendo! Y aún esperaba que tú hicieras llegar su carta a todos tus amigos para poder operarse. Pero, claro, era mucho más fácil, no tenías que fotocopiarla y comprar los sellos y los sobres, se dirigía a toda tu libreta de direcciones y listo.

Y las cadenas milagrosas. Aquellas interminables oraciones que se le escribían a santa Felicita de Castengandolfo pidiéndole tus deseos, no tenían que escribirse a manopla y repartirse por ahí. Tan sólo era necesario pulsar el botón de "Reenviar" luego el de "Herramientas", después el de "Seleccionar destinatarios" y cliquear sobre "Enviar y recibir todo".

¡Cómo pasa el tiempo! En apenas un abrir y cerrar de ojos te pareces más a tu abuela que nunca. Cuando te mandaba a hacer las compras y llegabas con la bolsa y con las cuentas, ella te pedía que le tradujeras el total de pesetas a reales.

O cuando paseaban por Diego de León y ella extendía su mano: "Todo esto era campo". Ahora tú te sorprendías paseando por Sanchinarro y escuchándote al exclamar: "¡Madre mía, si esto era un descampado! Es que, fíjate, ponen un Corte Inglés y a los dos meses ya hay una ciudad alrededor".

Eso debía ser el progreso. Desconocer las calles que te rodean ¿General Mola? ¿El hospital Francisco Franco? O que, tras 2008 años, Madrid esté aún sin terminar, que está llenito de obras por todas partes. O pasarte la vida entera multiplicando las cuentas en euros por 166,386 pesetas. O buscar todos, como locos, una cabina telefónica. ¿Dónde se habrán metido todas? ¿Es que todo el mundo tiene celular? ¿Y los buzones de correos? ¿Es que ya nadie escribe cartas?

Resulta que ahora te enteras de que la movida madrileña jamás existió. Fue solo una ilusión. Un cúmulo de circunstancias que coincidieron en un momento determinado. La discoteca Sol, El Penta, La vía Láctea, los bajos de Orense, la zona de Huertas o de Malasaña... se habían llenado de rumanos, ecuatorianos, dominicanos y colombianos. De todo lo habido y por haber y muy pocos madrileños. Rock Ola había desaparecido. No volvimos a ver fotografías de Ouka Lele. Ni a escuchar a Alaska y los Pegamoides, ni a Kaka de Luxe, ni a Siniestro Total o a Golpes Bajos. Ni cantamos más canciones de Los Secretos, Radio Futura, Mecano, Nacha Pop, Gabinete Caligari...

Afortunadamente, continuamos viendo películas de Almodóvar, y de El Último de la Fila aún nos queda nuestro Manolo.

¡Vaya! Ya nadie se acordaba de aquello y cuando intentaste invitar a tu sobrina a un concierto de los Rolling Stones, te dijo que eran unos viejos decrépitos y que ella prefería ver a Amaral.

¡Amaral! ¡Qué disgusto tan grande!

Tus hijas ya no jugaban a las casitas, ni a las mamás. Claro, ya no existían muñecas como la Nancy. En sustitución habían fabricado unos pendones verbeneros de miedo. Tampoco sabían lo que era *el escondite inglés* (¿un escondite en el que se cuenta en inglés?) ni el dado, ni siquiera el cinquillo. Ni jugaban a vaqueros y a indios, o a policías y ladrones... Lo "más de lo más" de nuestra época eran los marcianitos que habían sido sustituidos por esos juegos tan sofisticados del Game Boy, del Nintendo, del Play Station o del Wii. ¡Qué aburrimiento!

Progreso también significaba recibir llamadas de tu madre como:

—¿Quién anda ahí?

—Soy yo, mamá.

—Y tú, ¿qué haces ahí?

—¿Yo?, pero si me has llamado tú.

—Yo quiero llamar a tu tía Pepa. ¿Cómo hago?

—Pues busca en la agenda...

—¿Qué agenda?

—A ver, mamá, ¿te sabes el número?

—Lo tengo aquí, apuntadito. Y entonces descuelgo para marcarlo y apareces tú.

—Porque yo seré la última persona a la que has llamado desde el celular. No descuelgues, como tú dices, marca y luego descuelgas.

—¿Marco ya?

—Espera a que colguemos, ¿no?

—Pero, ¿qué hago, entonces?

—Das al teléfono rojo, luego marcas y aprietas al telefonito verde... ¿Mamá?, ¿mamá?

—...

O miles de mensajes de la misma usuaria, en la contestadora como:

—¿Hija? ¡Ay, qué jodido! ¡Lo poco que me gusta hablar con máquinas! Con lo fácil que era saber antes si estabas o no, en casa. Ahora no sé si estás hablando por otra línea o estás fuera. Por cierto, a ver si me quitas lo de la llamada en espera porque me pone nerviosísima escuchar el "pi-pi" cuando estoy hablando por teléfono y cuando cuelgo resulta que no pillo la llamada que me entraba y encima he interrumpido la llamada que tenía.

O:

—Pues te llamaba para preguntarte qué es eso que me aparece en el móvil de las quince llamadas perdidas. Seguro que no son quince llamadas que he hecho y que no me van a cobrar. ¡Menudos son estos listos! Y luego, que me sale aquí una cartita que me está molestando, a ver si me la quitas tú. Y, a propósito, ¿me llamaste tú ayer a las cuatro y media? Me llaman todos los días a las cuatro y media y cuando lo cojo no me responden. Y que el otro día tu sobrino me estuvo hurgando y ya no sé que me habrá hecho pero yo tenía el tono de *Guantanamera* y resulta que me sale un bicho imitando el sonido de una moto. Que dice él que es la rana tonta o no sé qué. Y a mí me da vergüenza cuando en el autobús todo el mundo se ríe cuando me llaman.

O:

—Nena, a ver si te pasas un día para ver qué ha hecho tu padre con el video. No sé qué habrá tocado pero yo quería grabar Big Brother y se ha grabado el telediario y un montón de anuncios.

Y también:

—¿Hija? ¡Esto del internet es una tontería! Aquí no sale nada más que una pantalla que pone *goglé*. ¿Dónde tienes que dar para que puedas enviarle un mensaje a Mercedes Milá?

Y a propósito de Internet: una tarde, nada más al llegar del trabajo y antes de ponerte a planchar, miraste tu bandeja de entrada en el BlackBerry y te sorprendió mucho y muy gratamente recibir un correo de Carolina. Por lo visto había encontrado tu correo electrónico en un portal de subastas en la red. "*¿Conseguiste el robot de cocina, pedorrrrrra?*" fue lo que te había escrito en el asunto.

Tú solo mantenías el contacto con Helia, Olivia e Inés, quedaban al menos una vez al mes. Y de Gabriela recibías correos electrónicos casi para felicitarte el cumpleaños y las pascuas. Pero no habías tenido noticias ni de Carol ni del resto, al menos, en diez años.

Te contó que después de casarse con el psicólogo tuvo un niño y se separaron. Al parecer, Amanda un día la llamó para pedirle el teléfono de la consulta de su marido. Había estado liada con el casado aquel durante muchos años y de aquella relación no sacó nada más que la cabeza caliente y los pies fríos. Se lo dio confiada, y en un par de meses, su marido y Amanda se liaron. Todo lo que Amanda echaba de menos en su vida lo consiguió con el "gilí" (palabras textuales) de su ex: separación, boda civil y niño. Ahora Amanda andaba viviendo con un tipo mucho más joven que ella y acababa de tener una niña con él. "*Así que a este paso, va caminito de convertirse en la Preysler*", había subrayado.

Carolina salía ahora con uno de sus jefes. La única traba era que también estaba divorciado y tenía una niña en plena edad adolescente que la traía de cabeza. "*No sé si me la cargaré o si será ella la que me lleve por delante*".

Pero el tema primordial era que nuestro antiguo colegio organizaba una fiesta. La de los veinte años de su graduación. Y quería contactar a todos los antiguos alumnos para que acudieran y se pudieran reunir después de tanto tiempo.

Tras enviarte cariñosos besos para ti, recuerdos para tu familia y firmar, añadió: "*P.D. Sentí muchísimo lo de Yolanda*".

Te hacía ilusión volver a verlas y enseguida te pusiste manos a la obra para responder a su invitación y ponerla al día: Tú te habías casado con tu veterinario y habías tenido dos niñas. Olivia, ya lo sabría, se encontraba en la misma situación que la dejó: casada. Tuvo dos niños y la nena. Y, por ésta, sabías de sus primas: que Patricia se casó con aquel galerista tan importante y que vivían a caballo entre Nueva York, Londres, París y Madrid. Que tenía una niña que estudiaba en Inglaterra y otro que estudiaba en Francia. Y que su hermana Marta, después de casarse con Javier y tener un hijo, marcharon a Ámsterdam porque le habían ascendido a director de una sucursal de un banco bastante importante.

Por tanto, iba a ser un poco complicado localizarlas en Madrid pero se intentaría.

Tres cuartas de lo mismo pasaba con Gabriela, que te escribía de sitios cada vez más lejanos: Bali, Tombuctú, México, Venezuela, Guatemala, Chile... Trabajaba en una ONG y constantemente andaba pillando parásitos rarísimos que ponían huevos en su piel. Tenía dos hijas adoptadas, una china y otra rusa, y curiosamente en uno de sus viajes se había encontrado con Abel (sí, ¡con Abel!) que estaba allí ejerciendo en Médicos sin Fronteras. Se enamoraron y ahora estaban juntos.

Inés fue la última que había disfrutado de la compañía de Gabriela personalmente, durante un verano que Gaby vino a España hacía aproximadamente tres años. Y allí, en Mallorca, tuvieron un accidente. Su coche chocó contra otro cuando iban por la carretera de la Calobra.

"*¿Y a qué no sabes contra quién se dieron?*" Escribiste. "*¡Con el antiguo profesor de piano de Marta!*", tecleaste en mayúsculas y con negrita. Se conocieron, se gustaron y ahora están viviendo juntos. Ella está siguiendo un tratamiento fertilizante. "*Le está resultando difícil quedarse embarazada y, ya sabes, sigue a vueltas con lo de la maldición de la mamá hámster*".

Helia seguía soltera, con sus gatos, con sus peces naranjas, con su celofán, con sus cuadros y con su jabón pero mucho más serena. Al menos ya no le dan los "yu-yus" esos que le daban. Y era la envidia de todas ustedes, las casadas y madres de hijos en edad dependiente y absorbente.

Le prometiste que nada ni nadie impediría que fueras a la fiesta y te despediste igualmente con un abrazo, indicándole tu dirección, tu número de casa y tu celular.

Cuál no fue tu sorpresa que apenas media hora después de haberlo enviado, recibiste su llamada:

—Pero, bueno, ¿no te ves tú con Olivia?

—¿Quién eres? —te extrañaste tú.

—¡Rita, *the singer*! —exclamó ella— ¿Quién va a ser?

—¡Carol! —te reíste— no esperaba que me llamaras tan pronto.

—Es que no he podido evitarlo... —pareció beber algo al otro lado de la línea— ¿No sabes lo de Marta?

—¿Qué tengo que saber?

—Que atracaron el banco de su marido en Ámsterdam y a él le pegaron un tiro en la cabeza.

Se te escurrió el teléfono que llevabas sujeto entre la oreja y el hombro —¿Y qué le pasó?

—¿Me oyes? —preguntó ella obviando tu pregunta— ¿Estás tonta?

—Que sí te escucho, que sí. Es que se me ha caído el teléfono...

—¿Pero qué crees tú que le podía pasar? Es que no me entra en la cabeza que se te ocurra preguntarlo. ¿Estás, o no estás a lo que tienes que estar? —hizo sonar su lengua contra los dientes— ¿Qué estás haciendo? A ver...

—Estoy planchando —resoplaste— ¿Qué quieres que te diga? Me has dejado de una pieza. ¿Cómo lo sabes tú?

—Lo leí en Internet y llamé a su madre. Me lo confirmó.

—¡Qué horror, pobrecilla! —dejaste la plancha y te sentaste para digerir lo que habías escuchado.

—Así que ella está aquí otra vez, en Madrid —volvió a echar otro trago de lo que fuera que estuviera bebiendo— Mira, esta chica ya sabes que siempre fue un poco así, a su bola. Yo te digo que no me costaría nada quedar con ella de vez en cuando, incluso nuestros hijos son de la misma edad, pero no me ha dado la gana. Porque una está con las amistades para lo bueno y para lo malo, de acuerdo, pero mientras se tiene relación con ellas. Al cabo de quince años sin saber palabra de esta niña, como comprenderás, no me voy a poner a buscarla ahora para hacer de báculo de su pena. Y máxime cuando fue ella la que nos dio la espalda y no quiso saber nunca más de nosotras.

—...

—Y cuando se me ocurrió llamarla, en cuanto su madre me dijo que regresaba y le pregunté por su estado, me trató como si yo anduviera de cotilleo. Vamos, lo estándar, ya sabes... Todo genial. Con la misma delicadeza como si yo fuera la vecina del quinto piso.

—Te entiendo —la apoyaste— Y comparto totalmente tu opinión.

Continuaron charlando de todas las demás. Ella te dijo que lo de Gaby la había dejado a cuadros. No podía imaginarla con Abel. Tú añadiste que cuando recibiste una foto de los dos por e-mail no lo reconocías. Estaba alto y guapísimo. Sin gafas, sin pantalones cortos, sin mochila... Y ella rió. Jamás lo hubiera imaginado, en cambio, sí se esperaba que Gabriela trabajara de cristalera en la Moncloa para perseguir al presidente del gobierno y obligarle a claudicar ante sus peticiones, haciendo pintadas tipo: "Que vuelvan nuestros soldados ya" o "¿No te da vergüenza gastar tanto agua en la piscina?".

—Oye —llamó tu atención— A Olivia y a Inés debiéramos invitarlas también, aunque no fueron al colegio ninguna, seguro que les va a encantar ver a mucha gente de entonces. Y, sobre todo, que fueron a muchas fiestas de allí. Seguro que a tu amigo ese... ¿Gervasio?

—¡Jerónimo! —te recordó a tu madre.

—¡Exacto! A ése seguro que también le apetece aunque tampoco sea antiguo alumno.

—Lo llamaré también, claro.

—Estaba como un queso, ¿sigue igual?

—Jerónimo está calvo y tiene barriguita incipiente pero sigue siendo *sexy*, no sé cómo lo hace, la verdad. Estuvo durante cinco años viviendo con una chica. No quería tener hijos y no quería formalizar la situación. Se le cruzó otra más joven y ahora tiene dos chicos, va camino del tercero, que creo que va a ser niña y vive al lado de sus suegros. Le tiene en un puño.

—¡No le está mal empleado por la putada que le hizo a la otra pobre! —se alegró Carol— Solo tienes que sentarte a descansar para ver la cabeza de tu enemigo rodar. Mira el tonto del haba de mi ex, pagando dos pensiones...

—Sí, hija, sí. Pues Jero está amargadito del todo, me temo.

Antes de colgar, te dio el teléfono de Amanda (debía ser que se lo sabía por su ex, eso de tener que pasar la manutención a dos vástagos le hacía a uno no poder olvidarse ni por un momento de sus señoras ex parientas). Por supuesto, juró que ella no se iba a ocupar de hacer nada por encontrarse de nuevo con Amanda.

Amanda se llevó la misma sorpresa que tú. De nuevo tuvieron que pasar revista a las vidas de una y otra: "¡Pobre Marta!". "¡Madre mía, Yolanda, qué pena!". "¡Qué suerte la de Patricia!". "¡Gabriela no cambia!". "¿Jerónimo calvo y gordo? ¡No puede ser!..."

Y pasados unos minutos:

—¡No me digas! —se aceleró— ¿El bomba-cañón?

—¡El mismo!

—¿Y...? —te apremió a continuar— ¿No me digas que la tonta de Inés se comió el colín de su vida?

—¡Ay, Amanda! —lamentaste tú— ¿Por qué tienes que ser siempre tan despectiva?

Ella se limitó a canturrear un "lo siento", pero tú, por primera vez en muchos años, te sentiste satisfecha. Orgullosa de ti.

Vale, habías cumplido ya los cuarenta. Tus piernas, tus caderas, tus brazos, tus hombros, tus ojos y otras cosas pares ya no conservaban la lozanía y la frescura de antaño, pero ahora te podías mirar al espejo y reconocerte sin el menor sonrojo, sin el más mínimo complejo. Tenías dos niñas, perro, casa, marido y un trabajo agotador. ¿Qué podías esperar? Estabas "centradita", obviamente, pero no volverías atrás para soportar las impertinencias de nadie calladita, sin decir nunca no, sin reproches. Ahora te daba la gana de escupirle a la cara a quien fuera que era un maleducado y quedarte después tan ancha. Debía de tratarse del "credo" que Yolanda te enseñó.

—¡Qué vida ésta! ¿Verdad? —siguió como si tal cosa— Tú fíjate, viviendo los dos en Madrid e ir a encontrarse en el culo del mundo. Yo siempre he dicho que a la playa esa era mucho mejor ir a nado. ¿Y Gabriela con su enemigo mortal? Eso sí que es encontrarse a miles de kilómetros de su país. Eso demuestra, una vez más, que la realidad siempre supera a la ficción.

Con respecto a su vida y al choque de intereses con Carolina, enseguida te resumió su tan particular visión de los hechos: Carol era una egocéntrica y un ser despreciable. "Ya sabes, siempre rodeada de una multitud de amigos pero a su marido lo tenía solo y abandonado". Había hecho un perfecto desgraciado de su ex y cuando Amanda fue a pedirle ayuda, resultó que ella misma fue la que lo rescató y lo liberó de una vida cargada de frustraciones.

El mismo día de la fiesta y, apenas una hora antes de salir, Inés te llamó para decirte que había pensado en que no debía ir. Algo, o alguien, le estaba enviando señales:

—He tenido un día espantoso en el trabajo y quería salir antes para ir a la estética. Al final he ido a duras penas, tardísimo, pero como iba apurada de tiempo, he tomado un taxi. El coche tenía la ventana rota y no se podía subir el cristal. Me ha puesto unos pelos de loca que ni te los imaginas. Tanto que he pensado que me podía haber ahorrado la peluquería —apenas paraba para respirar— Después, al bajar, he metido un zapato en un charco y, para evitar meter el otro también, he dado un salto y se me ha colado el tacón en una alcantarilla. Al tirar de él para sacarlo me he caído de bruces en la acera y me he hecho una herida en la barbilla. No te digo más que cuando he llegado a la altura de un chino, me han dado ganas de comprar una cuerda de tender la ropa y ahorcarme con ella. ¡Estoy hecha un *Ecce Homo*!

Tuviste que convencerla de lo guapa que era aunque llevara una tirita en la barbilla o una fregona en la cabeza, de lo bien que se conservaba y de lo envidiable que resultaba para que te dejara arreglarte en paz. No contenta, te suplicó que fueran juntas.

Hace mucho tiempo que no las ves. Por lo menos ocho o diez años. ¿Cómo es posible que hayan pasado veinte desde su graduación del colegio? Ahora te crees aquello de que "veinte años no es nada".

¿Cómo estarán? ¿Irán? ¿Cómo les parecerás que estás tú? ¡Ay Dios, tú también tenías que haber ido a la peluquería! Pero claro, él nunca está cuando se le necesita. Así que lo has tenido que hacer todo tú sola, como siempre: ir a las compras, recoger a las niñas, bañarlas, darles de cenar, dejar preparada su cena en la nevera, sacar a pasear al perro, arreglarte y salir volando en cuanto ha entrado por la puerta.

Allá está Helia, al menos ella no se va a desmayar al verte. Y Olivia ¡Ay, esta Olivia! ¿Pues no se presenta con su marido? ¿A quién se le ocurre? ¿Qué pintará la "Mónica en los títeres"? Se fastidia más por ella que por ustedes. Seguro que las malas lenguas se ponen a comentar que nadie le ha dado vela en este entierro y, una vez más, quedará como la madre de todas.

¿Es ésa Patricia? ¡Madre mía, que horror! ¡Y Marta! ¡Con lo guapísimas que eran! Están para el desguace. Sin embargo, mira qué bien se conserva Carolina. Amanda no está mal del todo, con unos kilitos de más, pero ya lo decía tu abuela, "a partir de los treinta o te ajamonas o te amojamas", le favorecen.

Resulta curioso que las "divinas de la muerte" de entonces estén más estropeadas que las del montón, o las simplemente "monas". Debe ser que esperas que las guapas lo sean eternamente. O puede ser que se haya pasado de moda esa belleza, tan delicaditas, tan rubitas, con los ojitos tan azules...

¿Qué les vas a decir después de tanto tiempo?

¡Dios mío! ¡Si aquella es Lola! ¿Cómo se ha enterado? ¡Qué pregunta tan estúpida!, como todas ustedes, claro.

Los grupillos estaban formados inteligentemente. Lola, curiosamente, no se separaba de Carolina. A fin de cuentas, era la responsable de su ruptura y fue la única que no estuvo presente el día de la discusión final. Helia y Olivia estaban en otro grupo. Al lado, pero hablando entre ellas, Patricia y Marta. Y Amanda charlaba animosamente con Jerónimo.

No sabes qué tipo de magia ocurrió, pero al llegar Inés y tú todos se acercaron a saludarlas y, por consecuencia, unas a otras. Evidentemente, Carolina y Amanda no se dirigieron la palabra, pero los demás se intercambiaron más de una frase.

—¿Sigues teniendo gatos? —escuchaste a Jerónimo dirigirse sonriente a Helia— Es que mi mayor me está pidiendo uno.

Lola seguía casada con el marino y tenía ¡cuatro hijos varones! Habían decidido que lo mejor era desistir de intentar tener a la niña. La vida, desde luego, no le resultaba fácil. A él lo trasladaban constantemente y con ello venía lo de buscar casa, hacer mudanza, hallar colegio para cuatro, nada menos, y un largo etcétera que producía fatiga sólo con escucharlo. Ahora vivían en Cartagena.

Y, como la conjugación de los astros aquella noche debía ser favorable a cualquier suceso, de repente empezó a sonar música de los ochenta y en una pantalla enorme se proyectaron cientos de imágenes de aquellos felices días.

El entierro de la sardina con Patricia, Helia y Lola disfrazadas de luto. Pero, ¿no era Abel la sardina que cargaban? ¡Qué pena que Abel no hubiera podido venir!

El equipo de baloncesto al pleno con una exuberante Amanda en primera fila, de pie. La cara de Helia manchada de colores en un taller de pintura. ¿Es que no llevaba lienzo? Gabriela con un silbato y una pancarta coreando una pequeña manifestación. Carolina, Marta, Helia y tú junto al bombo de la rifa de las papeletas en una fiesta para el viaje de fin de curso. Fotos en la playa. Yolanda jugando con las olas... ¡Josemi en calzones en los baños de las chicas! Patricia con su equipo de pádel.

Helia, guasona, se acercó a ti para nombrarlas con tono repelentemente cursi:

—¡Mira, qué monas!: Patty, Luchi, Cuca, Piluca, Miruchi y Meli. *Osssea*, ¡divinas!

A medida que la noche pasaba, iban teniendo cada vez más claro que era totalmente cierta la escala para medir el grado de borrachera:

1. Todos lograron una admirable FACILIDAD DE PALABRA. Sobre todo, para explicar con una interesante retórica sus estúpidas profesiones y ocupaciones.
2. EXALTACIÓN DE LA AMISTAD. Cada vez te extrañaba más que la tozudez de Carolina y Amanda evitara que acabaran por besarse. Los enemigos del pasado ahora resultaba que se adoraban.
3. CANTOS REGIONALES. O nacionales. O cualquier clase de canto, todo valía.
4. TUTEO A LA AUTORIDAD. Tanto el director, como el resto de los profesores tuvieron que aguantar sus bromas y sus críticas. Ya les daba todo lo mismo. Total, lo tenían todo aprobado.
5. INSULTOS AL CLERO, que de haberlos, también los hubo.
6. Y no llegaron al DELIRIUM TREMENS pero había una ambulancia por aquello de los comas etílicos (o de los achaques que pudieran desencadenarse en esas juergas y a esas edades).

Y un par de horas más tarde, una cámara de video rodaba una de las fiestas que organizaban.

—Mira Jerónimo, ¡qué cara de niño! —te atreviste a decirle— Ahí, ahí, el del chaleco azul.

Tu amigo sonrió tristemente y se acarició el cráneo como echando de menos algo.

Amanda vino inmediatamente a cuchichearte:

—Al final, ¿se enrollaron?

—Pero... ¿eres tonta? —era lo más sorprendente que podías haber escuchado en todos estos años— ¿No sabes que no?

—¡Ay, chica! —apoyó la barbilla en uno de sus hombros— ¿Yo qué sé? Podía haber pasado perfectamente... Eso le pasa a cualquiera.

—Tú sí —pretendías haber formulado una pregunta, pero no sonó a pregunta. Adivinaste su pensamiento sólo con mirarla, no había necesidad de que te aclarara nada.

—Bueno... —desvió su mirada— fue una tontería...

—¿Una tontería? —repetiste.

—Era la época en la que yo estaba harta de ser "la otra" saliendo con Tomás...

—El casado, ya.

—No, perdona bonita, pero aún no estaba casado. Tenía su novia formalita, la que llevaba a todas las reuniones familiares. La presentable.

—Ya —bebiste un trago.

—Y a pesar de llevar tres años saliendo conmigo, aquella misma tarde me llamó para comunicarme que ya tenían fecha para la boda.

—Y tú... —miraste directamente a sus pupilas— te abalanzaste sobre los brazos de Jero para consolarte, sin importarte nada que fuera nuestro amigo. Sólo por utilizarlo.

—¿Por qué eres tan estúpida? —respondió desafiante a tu mirada— ¿Por qué para ti todo siempre fue blanco o negro? ¿Por qué no fuiste capaz, nunca, de admitir un gris? No era todo tan fácil. Cada vez que les iba a contar lo rematadamente mal que lo estaba pasando, ustedes me miraban insolentes y me decían que yo me lo había buscado. Pues vale, sí. Puede que me lo hubiera buscado pero no ayudaba nada saberlo. Si hubieran corrido a consolarme o a intentar ayudarme como lo hiciste con Helia, tal vez, y digo *tal vez*, se me hubiera quitado de la cabeza y no hubiera cometido nunca más ese mismo error.

—Está bien —bajaste la cabeza— perdona que te fallara.

—No es eso... —te imitó— todas nos fallamos en alguna ocasión.

—¿Y...? —la animaste a continuar su historia.

—Pues nada. Quedamos y bebimos como tontos durante toda la noche. Yo le conté mi situación y él me contó que te había perdido para siempre. Estaba loco por ti.

—No sabes lo que estás diciendo. No puede ser —Te aferraste a tu copa— Estás muy malita del Alzheimer, ¿eh? Seguro que me confundes con otra.

—Yo te digo lo que él me contó. Por eso salía con millones de tías. Te estaba intentando olvidar o buscándote, no sé. Yo creo que quería encontrar a una que se te pareciera.

—¡Pero, Amanda! —te abriste de brazos como el que muestra su desnudez—, ¡que soy yo! ¡Que, para mí, que te estás equivocando!

—Tú estabas fenomenal con tu, entonces novio, "tu veterinario"...

—...

—Así que los dos necesitábamos de calor humano, de afecto.

—Y se fueron a la cama —determinaste.

—Y sí, nos fuimos a la cama —te retó con sus ojos— y fue un polvazo de miedo que nos curó de nuestra falta de autoestima.

—...

—Fue esa misma noche cuando se me ocurrió que podía salir con Helia para ayudarla un poco.

Enmudeciste. No supiste qué decir. Y a ella le sorprendió tu desconcierto.

—¿Nunca lo notaste? ¿No te dijo nada? —sacudió la cabeza hacia la pantalla— si fíjate cómo te miraba...

Reíste porque en ese instante no se te ocurrió nada mejor que hacer pero, por primera vez, reconociste su mirada. Era verdad que su forma de mirarte jamás había cambiado, desde aquellos primeros días en la piscina. Y te quedaste petrificada observándolo. ¿Qué hubiera sido de tu vida si hubieras salido con él aquel verano? Estabas encantada con tu actual situación, pero te habrías ahorrado un par de disgustos tontos que hubo entre medias.

Eliécer vino a saludarte y a interrumpir tus pensamientos:

—¡Jo, Pau! ¡No has cambiado nada! ¡Estás guapísima!

Jerónimo se unió a la charla:

—Paula no cambia nunca... ni de físico, ni de forma de ser, ni de trabajo, ni de casa, ni de marido...

No pudiste evitar mirar con recelo a Amanda. Allí estaba carcajeándose con Gabriela del video y comentando con Lola lo pésimamente que había envejecido fulana o mengana. Y, seguidamente, a él que respondió con rubor, como si acabara de ser descubierto.

Te acercaste a ella una vez más y tiraste de su blusa:

—Amanda, una cosa más...

Ella se había puesto a la defensiva:

—¿Qué?

—¿Por qué no me lo contaste?

—A ver, cómo te explico esto para que tú lo entiendas —miró hacia el cielo como si quisiera hallar inspiración— Si sólo por una vez en tu vida se te hubiera presentado la ocasión de tener que elegir entre ser leal al mejor de tus amigos o uno de ellos, ¿cuál sería tu decisión?

—¿Y serlo con ambos?

—Olvídate, eso no era posible. Era uno u otro.

—Evidentemente, elegiría al mejor de mis amigos, claro.

—Pues, por aquel entonces, Jerónimo demostró ser el mejor de mis amigos, por dos motivos. Uno —Amanda apretó su dedo meñique— por ser la única persona que me escuchó incondicionalmente y sin interrupciones cuando quise contarle mi problema y, encima, jamás se cuestionó mi responsabilidad. Me había pasado y punto. Para él no merecía la pena buscar culpables.

Pareció callar durante una eternidad y tú no quisiste esperar más su respuesta:

—Y, ¿dos?

—Dos, tú jamás te hubieras acostado conmigo para devolverme la autoestima.

El aire se te escapó entre los labios en una sonrisa desganada. Quisiste preguntarle por qué él no te dijo nada. Pero aquella respuesta la conocías de antemano. Si te había perdido como pareja, fue lo suficientemente astuto como para conservarte como amiga. Una persona como tú, "que no diferenciaba colores que no fueran el blanco y negro" se habría alejado de él en cuanto hubieras sido informada de su secreto.

—Hola —una voz masculina llegó desde los altavoces a tiempo para interrumpir tus pensamientos— Hola.

—¡Mira, es mi Josemi! —gritó Inés.

—¿Quieres decir algo para la posteridad? —le preguntaron tras la cámara.

—Bueno, para la posteridad... mejor lo digo para el presente: que digo a los que me roban las cosas de mi mochila, que si quieren pedirme algo que lo hagan personalmente. Que estoy hasta los cojones de irme a pata a casa, de pasar hambre en los recreos y de que me cateen por no llevar los deberes. ¡Joder!

Todas se rieron pero Inés no entendió el chiste, como de costumbre.

Josemi estaba idéntico a como lo recordaban. Con todo su pelo, algo cano pero perfectamente arreglado y sin una arruga.

Inés se acercó a saludar:

—Pero bueno, Josemi... ¿es que ya no te acuerdas?

—Cómo me voy a olvidar, Inés del alma mía —y besó su mano al tiempo que Carolina hacía sonar un inexistente violín y canturreaba una cancioncita espantosa— si fuiste mi primer amor.

—¡Anda ya! —lo empujó Inés.

—Como te lo digo, princesa. Y el último. Fíjate que aún estoy soltero.

—¡Anda, ladrón! ¡Así te conservas tú de buenote aún! —bromeó Carolina.

—No, no... —dijo muy seria Inés— ¡No me harás esto, Josemi! Que mi reputación va a quedar fatal. Dirán "fíjate, este pobre salió con Inés y ya no se atrevió a repetir con ninguna".

—¡Sal del armario, Josemi! —bromeó Gabriela— Eso es lo que pasa, ¡que no has salido del armario!

Y en ese momento en que todos reían la ocurrencia, aparecieron en la pantalla Luis Miguel y Juan de la Fuente abrazados a Yolanda que ronroneaba como sólo ella sabía hacerlo.

Tan pronto como Yolanda se vio sorprendida por la cámara, bizqueó, sacó la lengua y puso muecas raras. ¡Qué mal rollo ver moverse a un muerto!

—Brindemos por nuestro futuro —alzó su copa Juan desde el monitor gigante.

—Nada de futuro —dijo Yolanda— El pasado no se puede cambiar ya, es historia y el futuro es incierto y ni se sabe si va o no a ocurrir. Por eso lo único que tenemos es el presente. Que, además, tiene nombre de regalo.

Todas se quedaron mudas y muy serias. Inés extrajo un clínex del bolso y enjuagó un par de lagrimitas:

—Ella sí que fue un regalo divino.

—Era un ave de paso —Helia volvió a repetir su famosa frase.

—Y por eso no le diste la menor oportunidad, ¿no, Helia?

De nuevo se hizo el silencio y una vez más, aunque deseaste no haber abierto la boca, volviste a sentirte satisfecha de haber dicho a tu amiga algo que nunca antes se te hubiera ocurrido pronunciar.

Pero Amanda se abalanzó contra ustedes como un huracán:

—¡Qué alguien la detenga, por favor!

Inés acababa de subirse al escenario y había mandado parar la imagen parpadeante de Yolanda brindando por un presente que no volvería nunca.

—Perdón... —chirrió el micrófono— perdón... No sé si recordarán a Yolanda Muriel, era compañera suya. Yo no soy alumna de aquí pero venía a todas las fiestas y Yolanda... Yolanda era mi amiga.

—...

—Ella falleció hace seis años en un accidente de tráfico y me gustaría homenajearla con un minuto de silencio, si no les importa.

Todo el mundo accedió gustoso a mantener los sesenta segundos sin abrir la boca. Lo malo fue que cuando se acabó, Inés (probablemente con alguna copa de más) se puso a cantar:

Salve, Madre, en la tierra de tus amores,
te saludan los cantos que alza el amor.
Reina de nuestras almas, flor de las flores

Amanda, Helia y tú, con las bocas de par en par, miraron de izquierda a derecha y observaron cómo la parroquia al pleno arrugaba su nariz.

Era tu amiga, una de las mejores, y no podías consentir que hiciera el ridículo de esa manera. Al menos sola. Así que te abriste paso a empujones y te uniste a ella:

...muestra aquí de tu gloria los resplandores, que en el cielo tan sólo te aman mejor.

Y, a pesar de no ser capaz de abrir los ojos, notaste que una mano apretaba la tuya y escuchaste la voz de Helia temblorosa a tu lado:

Virgen santa, Virgen pura, vida,
esperanza y dulzura.

Y luego la de Olivia, a tu izquierda:

...del alma que en ti confía,

Y segundos después Gabriela, acompañada de Marta y Patricia:

Madre de Dios, Madre mía,
mientras mi vida alentare.

Y, curiosamente, Carolina y Amanda (juntas, con todo su pesar) se agregaron al unísono:

...todo mi amor para ti,
mas si mi amor te olvidare...,
Madre mía, Madre mía,
aunque mi amor te olvidare,
tú no te olvides de mí.

Y tras aquel horror, sorprendentemente, todos comenzaron a aplaudir, a silbar y a gritarles piropos. Y, una vez más, te sentiste orgullosa de haber perdido, a tus años, todo el sentido del ridículo.

Cuando se hizo de nuevo la luz, se reanudó la música y ocuparon su sitio. José Manuel Sánchez llegó a tiempo para romper el hielo:

—¡Paula!

—¡José! ¿No me digas que me has conocido? Lo habrás hecho por la teta derecha, claro.

(Todos llevaban sus nombres y el año de la generación en una etiqueta adherida a su ropa en el pecho).

—Te he conocido por la otra, tontina, por la otra —bromeó él— ya sabes que tus niñas eran famosas, sobre todo por ser las primeras en aparecer.

"I will survive" sonó de repente en los altavoces pero esta vez no la cantaba Gloria Gaynor, sino Andrés Calamaro. Son cosas que pasan en veinte años.

Pero a ustedes les dio igual. Se abrazaron todas (con la precaución de que Carolina y Amanda no las pillara a menos de dos o tres por en medio) y la cantaron con toda el alma.

Lo que no encontrabas era el momento más idóneo para acercarte a Marta y preguntar. Estaba triste, eso no hacia falta jurarlo, pero entera.

Se te ocurrió comentárselo a Olivia:

—¿Cómo no me dijiste nada del marido de tu prima? No te lo voy a perdonar.

—Pero, ¡si ni siquiera sospecha que pueda saberlo yo! ¿Tú cómo te has enterado?

—¡Olivia! ¿Cómo no me voy a enterar? ¡Lo sabe todo el mundo! Al parecer, apareció hasta en Internet.

—¿De verdad? —se extrañó muchísimo y, tras unos segundos pensativa, finalmente, te preguntó— pero, tú... ¿a qué te refieres?

—¡Jopé, Oli, a lo del marido de Marta!

—¡Ah! —se congratuló ella entornando los párpados.

—Ahora no me dejes así —le suplicaste tú— ¿Qué otra cosa debía saber?

—Patricia está separada. Se le escapó a su madre con la mía. Pero no debemos saberlo. Es un secreeeeeeeeeetooooo —canturreó en tono burlón. También a Olivia se le empezaban a notar las copas de más pero, aún así, continuó con su narración— Ya sabes. Vive de cara a la galería. ¡Y nunca mejor dicho! —y se partió ella sola de su propio chiste— En su chalé de La Moraleja, con su piscinita. En el ático de Londres, en su pisito con vistas al Sena en París... y si le preguntas, todo genial, estupendísimo, divinamente... Pero está jodida. Tiene un par de hijos malcriados que no aparecen por aquí nada más que para pedirle plata. Que no la invitan a ir, salvo para los cumpleaños. Es decir, para que suelte más plata. Y un maridito querido que le puso los cuernos con todo lo que se le pusiera por delante y, al final, se quedó a vivir en Nueva York, con su joven secretaria.

—Pero, ¿qué me dices? —imitaste al loro de Lola— ¡No te puedo creer!

—Lo que te digo. Después de enrollarse con un montón de nenitas, se enrolló con la secre. Patricia contrató un detective privado que lo siguió y le hizo unas cuantas fotos en situación embarazosa. Ella las guardó hasta el momento adecuado. Ya sabes, siempre fue una gran tragicomedianta. Así que se plantó el día de Nochebuena en la galería y reunió a todo el personal. "Vengo a despedir el año viejo", dijo muy digna, y luego sacó las fotos del bolso y se las tiró a la cara a la secre: "Y a ti a despedirte por puta" —Olivia estalló en carcajadas.

—¡Qué fuerte! —reíste tú también.

—Pero lo que ocurrió es que el marido prefirió darle el finiquito a ella.

—¡Pobre mujer! —exclamaste.

—Pues sí, hija. Ni ella merece algo así. Lo peor es que continúa con la farsa. "Tengo que irme porque Óscar quiere tenerme allí por Navidad... Mi Óscar me va a llevar a los carnavales de Venecia... Mi Óscar me lleva a República Dominicana este verano..." ¡Yo alucino pepinos!

—Pues si queeeee...

—Comprenderás que yo siga manteniendo ocultos los secretos que ellas no quieren que se sepan. De esto, te repito que ni siquiera yo debía saber palabra. Y lo primero que me dijo Marta cuando enviudó es que no les contara nada.

—No entiendo... —te compadeciste.

—Pues yo sí. Ya sabes cómo son. Les gusta aparentar. Odian inspirar lástima. Siempre les gustó ser envidiadas —calló por un momento y miró a ambas con detenimiento— Y luego Patricia dice que ¡pobre de su hermana! Que no halla consuelo porque no tiene más que amigas "florero". Conocidillas con las que va a la ópera, al cine, al teatro... Pero, ¿es que Marta acaso buscó algo diferente? ¿Quiso tener algo más? ¿Y ella? Al menos Marta sale de vez en cuando, pero ella ni eso.

—¿No salen contigo? —te interesaste tú.

—No, hija, no. No debo tener categoría suficiente. No nos vemos más que en bodas, comuniones, bautizos, funerales y entierros.

—¡Vaya chasco! —meneaste la cabeza con desaprobación.

—¡Ninguno! —se encogió de hombros— después de tantos años, nadie engaña a nadie.

"Nadie engaña a nadie" repetiste en tu interior ¡Qué gran verdad! Aunque de vez en cuando *alguien* pueda sorprenderte. Y miraste a Jerónimo y, seguidamente, a Amanda. Puede ser que te hubiera pasado lo mismo que a Helia le ocurrió con Yolanda. Tal vez tú no invertiste tiempo en intentar comprender a Amanda. En tratar de saber por qué se comportaba muchas veces como lo hacía. No aprendiste a diferenciar el gris, el marrón o el azul en la paleta. Sí, era cierto: también tú habías fallado a alguien alguna vez.

Cuando la miraste, ella y Gabriela estaban repasando las fotos que Gaby llevaba en el celular. Supusiste que había llegado a alguna foto de Abel, ya que Amanda puso cara de haber visto un extraterrestre y tras fruncir el ceño exageradamente, buscó sus gafas en el bolso y se las puso alarmada:

—Veo menos que Pepe Leches.

Helia, con cierta cara de guasa le hizo una seña a Inés y se ofreció:

—¿Quieres mis gafas? Yo tengo más dioptrías que tú.

—¿Es éste? —Amanda seguía sin creer lo que sus ojos veían.

Te sentiste realmente cómoda. Como en casa, con la gente y contigo misma. Estabas realmente contenta de haber ido a la fiesta. Era como montarse en una máquina del tiempo y aparecer en el pasado.

Ya se había acabado el repertorio de los ochenta y el de los noventa y los camareros y el *disc-jockey* estaban completamente hartos de que nadie se moviera. Fue entonces cuando sonó en los altavoces la voz de Manu Chao tratando de "ahuecar": *¿Qué horas son, mi corazón?*

Eran las siete de la mañana cuando se despidieron.

Otro par de carcajadas, unos cuantos abrazos, tres lagrimitas, cientos de papeles con celulares y correos electrónicos anotados. Y las miles de promesas de repetir y volver a encontrarse de vez en cuando.

Pero, lamentablemente, todos sabían que aquella noche no iba a cambiar nada.

Tú, por tu parte, ya habías quedado la próxima semana con las de siempre: Helia, Inés y Olivia para comentar las anécdotas de aquella noche.

Cuando entraste en casa, te descalzaste y Napoleón II corrió por el pasillo para recibirte y mover su rabito.

"Era ley de vida", te dijiste mientras palmeaste su lomo. Y te extraña que esta vez fueras tú, y no Helia, la que afirmara tal cosa. Es lógico y normal que cada uno intente lidiar en la plaza que le haya tocado y apenas tenga tiempo para mirar atrás. No eran más que un puñado de gente encantadora (y no tanto) que se conocieron entonces y que la vida y los acontecimientos acabaron por alejar. Había que hacerse a la idea cuanto antes y no dar lugar a engaños. Por añadidura, había errores que no admitían marcha atrás. Cuando uno fallaba a una persona, en un determinado momento, y nada le hacía percatarse de su inflexibilidad, el tiempo pasaba y ponía las cosas y las personas en el lugar que correspondía.

Aquellos años ya no se los podía devolver nadie. Ni los babys, ni los pasteles de trufa, ni a las Nancys, ni a los chicles Cheiw, ni las Mirindas, ni las patatas Risy, ni a Bugs Bunny, ni a Elmer Gruñón, ni a Marcelina, ni las sesiones de ouija, ni las fiestas en casa de Carol, ni las garrapatas de Nap, ni las charlas seniles del loro de Lola, ni los chicos, ni las riñas, ni las risas, ni los llantos, ni a las gaviotas... ni a Yolanda... Y es que, como cantaba Serrat: "Nunca es triste la verdad, lo que no tiene es remedio", así que no les queda otra que seguir sobreviviendo.

FIN

Y con estas amigas... ¡para qué quiero enemigas!, de Miriam Lavilla,
se terminó de imprimir y encuadernar en agosto de 2011
en Programas Educativos, S.A. de C.V.
calzada Chabacano 65 A, Asturias DF-06850 México

Yeana González, dirección editorial; Carlos Betancourt, edición;
Gilma Luque y María Fernanda Heredia, cuidado de la edición;
Víctor de Reza, diseño y formación